푸른 바람과 동행

푸른 바람과 동행

김용욱 자서전

홍익출판사

道岩 김 용 욱

祝
自書展發刊
壬辰春林泉

林泉 이 순 남 (산수화)

약력
- 대한민국 미술대전 초대작가
- 대한민국 문인화 대전 초대작가
- 강원 미술대전(문인화) 초대작가
- 대통령훈장
- 신사임당상 대상 수상

청송 함 연 호 서예가

약력 · 대한미국미술대전 초대작가
· 강원미술대전 초대 작가
· 현재 : 청송 서실 운영 (강릉)

해설 (虎視牛步 : 호시우보)
호랑이 눈처럼 날카롭게 바라보고
걸음은 소처럼 우직하게
걷는 다는 의미

민초와 더불어

일찌기
비열한 권력의 오만함과
약자를 짓밟는 횡포에 맞서

결코 불의에 굴복치 않는 감연한 기개와
불가능을 가능으로 바꾼 그 굳센 의지만으로

곤궁과 핍박의 역사에 찌든
민초의 한 줌 흙과
한 덩이 밑거름이 되기 위하여

체념과 절망의 잿더미 속에서도
나의 가슴은 도전과 승리의 불꽃으로 타올랐음을

무상의 순간들 속에서도
나의 삶은 장구한 세월과 영원의 의미로 승화되었음을

이젠 민초와 더불어
흥겨워 부르는 노래의 처음이 되리라
얼싸안는 춤사위의 끝이 되리라

정축년 여름, 평창군 초대민선 김용욱 군수님을 위하여
이우식 지어드림

祝辭

생명의 통신과 감동의 회복

엄 창 섭(관동대명예교수)

그 혹한의 바람으로 온통 고독의 작은 그림자마저 움츠리던 산자락에 푸른 생명의 계절이 그렇게 오고 있다. 단절과 침잠沈潛의 계절이 회색의 고통으로 그 형상, 색깔, 냄새, 음조마저 나직이 대지에 숨죽이던 공간에서 궁핍한 가난을 이겨내고 참으로 수도자의 고행처럼 어려운 삶의 여정을 인고忍苦로 버텨내며 푸른 꿈을 긴장의 끈을 놓지 않고 피워낸 『푸른 바람과 동행』을 묶어 자전적自傳的인 교시로 세상에 조심스럽게 내어놓는 용기는 실로 신선한 충격이고 '생명의 통신과 감동의 회복임'에 틀림이 없어 따뜻한 치하의 말씀과 그간의 애씀에 뜨거운 박수를 보내고 싶다.

일찍이 놀란 핀센트 필이 "한 순간 분노가 치솟아 오를 때, 좋은 기억을 되돌리거나 감미로운 시를 떠올리면 마음에 평정을 회복할 수 있다."라고 지적한바 있지만, 평소 본인과 가깝게 교분을 나누며 아름다운 삶을 동행하고 있는 김영교 시인의 부친으로 자서전의 필자인 김용욱 옹은, 세계인의 꿈의 제전인 2018평창동계올림픽이 개최되는 강원도 평창군 진부면 상월 오개리에서 종種자 대大자를 함자로 쓰시는 부친과 모친 이성구李聖九 여사의 3남 2녀 중 막내로 1933년에 태어나 초등학교 출신의 학력으로, 초등학교 교사와 평창축협조합장, 그리고 초대 민선인 평창군수를 역임한 철저하게 자신을 관리하며 푸른 꿈을 이루어낸 입지전적인 인물이다.

한편의 감미로운 예술작품이나 종교적 희열喜悅에서 오는 환희는 마침내 다이돌핀을 쏟아내는 행위에 속하기에 절망의 끝이 보이지 않는 암담한 우리네의 현실에서 이 같이 질병으로 투병생활을 하는 어려운 여건 속에서도 주위의 다음세대를 위하여 '지극히 작은 꿈과 희망을 일깨워주며 자기성찰의 소중함'을 위하여 어려운 결단으로 삶의 치부와 가족 간의 갈등을 진정성 있게 구술하여 이렇게나마 자서전을 묶어낸 일은 더없이 함께 감사할 일이다. 우리가 겪고 있는 삶의 체험에 미루어 조용한 산자락에서 한 때나마 적막감이 휩싸인 시간대에서 졸시 〈삶의 敎示〉를 읊조려 보는 것도 의미 있는 정신작업이라고 생각된다.

새벽의 푸른빛이 일어서는 밀림에서
맹수의 제왕인 사자가 깨어난다.
가젤보다 힘차게 역주하지 않으면
허기로 죽는다는 것 알고 있기에
온 힘을 다해 해 뜨는 초원에서
가젤 앞지르는 야성 발동한다.
그대 또한 가젤이든, 사자이든
오늘 아침 해가 뜨면 삶의 공간에서
열중의 일념으로 목숨을 걸고
역풍 속에서도 질주의 끈을
삶의 업보業報라 늦출 수 없다.

이와 같이 불확실에서 엄습해 오는 초조, 불안감을 떨쳐버리고 모름지기 우리는 주어진 삶의 일장에서 김용욱 옹처럼 자신의 결단을 실천궁행하는 일에 최선을 다하고 주의 집중하여야 한다. 한갓 세상의 이치란, 하찮은 존재는 본질보다 선행한다고 할 수 있지만, 우리는 물처럼 바람처럼 흘러 손에 잡히지 않는 그 허공 같은 존재 속에서 우리가 느끼고 살아가는 마음의 본심을 갖는 것이 아닐까?

실상은 정작 뜻을 알고 느끼고 주고받는다는 것은 억겁의 시간대에 있어 그것은 한 순간이고 부분인 까닭에 언어공해가 가뜩이나 심각하고 변명으로 일관하는 요즘 세상의 풍속도에서 행복한 삶을 열어가는 방법의 하나가 세상의 묵언을 즐겨 읽는 마음에서 풍요로움이 비롯되고 못내 삶의 시간을 즐기는 것임을 깨닫는 행위이다.

특히 백목련이나 연화의 색감을 통해 아득한 유년의 향수, 모성이나 바다 등에 대한 회한과 막연하고도 가슴을 저리게 하는 그리움과 적막감을 새삼 일깨워주는 감동적 행위이기에 글쓰기의 진정성 넘쳐나는 태도는 더욱 높이 살 일이다.

다시 한 번 분망하고 진지한 삶의 시간대에서 불안한 삶의 틈새를 순치順治하며 다소 부끄럽고 숨기고 싶은 일상도 자성의 큰 틀에서 가감하지 아니하고 오늘의 이 같은 소중한 마음에 담아 인연因緣의 소중함으로 결부시켜 지극선至極善을 위한 일념으로 잇닿아 놓으면, 빈궁한 우리의 삶은 풍요롭게 채색될 따뜻한 정신기후를 조성할 것이라는 소박한 믿음으로 축하의 글을 가름하고자 한다.

心齋하며 坐忘하다

올해 팔순을 맞이한다. 그 옛날 시성 두보가 인생칠십고래희人生七十古來稀라 하였으나 나는 일찍이 이곳 도암 땅에서 천석고황泉石膏肓을 앓아 무위한 자연의 참 모습을 보고 살아간다. 새가 아름답게 우짖고 꽃피고 녹음 짙어지는 한창 시절을 지나면, 나뭇잎 떨어지고 겨울나목 사이로 바위만이 우뚝 남아 있는 것을 보면서 자연도 치장을 벗었을 때가 참모습이며, 사람도 허울을 벗었을 때야 처음으로 돌아가는 귀소본능歸巢本能의 마음창이 열리는 것을 알았다.

나는 생명生命의 始原과 치열한 자기성찰을 통한 淵源적인 의미를 생각하고 정리하는 과정에서 자서전이라는 이름으로 책을 출간하게 되었다.

누구 누구에게 읽혀지기를 바라는 마음보다는 손자 손녀들에게 할아버지의 흔적을 남기고 싶은 자애심으로 정리 해 보았다.

인생의 가을을 맞아 남은 소원 하나를 말 하라면 내 나이 오십의 가을을 한번만 더 달라고 하겠다. 먼 길을 먼저 떠난 내자와 삼남매 인교, 영교, 혜영, 며느리 김영애, 최철순, 사위 김순성, 손자 지형, 수형, 주형, 손녀 우주, 주영, 은하 모두 모여서 가을 들판에 앉아 웃음꽃 만발한 잔치 한번 해 보고 싶다.

하느님이 허락한 남은 시간 동안은 중국의 사상가 莊子가 제창한 마음을 순일하게 가다듬는 수양법인 심재좌망心齋坐忘하며 여생을 다듬어 가려 한다.

도암 김용욱 약력

· 1955~1968 용전/도돈/진부/도암초등학교 교사
· 1970 동아목장 대표
· 1982 원예조합 감사(6년)
· 1983 새마을금고 감사(4년)
· 1984 대관령 라이온스클럽 회장
· 1985 한국 종축개량협회 대의원
· 1986 한국 유기농업 환경연구회 이사
· 1988 유기농업 평창군 지회장
· 1990~1995 평창축산업협동조합 조합장
· 1993 축협중앙회 UR제재 대표(스위스 제네바 파견)
· 1994 축협중앙회 한우전문위원
· 1995~1998 평창군 초대 민선 군수
· 2002 농축유통신문 초대 회장 취임
· 1993 강릉대학교 경영대학원 최고경영자과정 수료

가족사항

· 장남 : 김인교 (現 강원테크노파크 원장)
· 큰자부 : 김영애
· 차남 : 김영교 (現 평창영월정선축산농협 조합장)
· 둘째자부 : 최철순
· 장녀 : 김혜영 (現 북평여자중학교 영어교사)
· 서군 : 김순성 (現 삼척여고 교사)

目 次

제1부

삶의 여정과 푸른 꿈

제2부

미래의 땅 황금의 땅 평창군

제3부
소중한 편지 묶음

제4부
후회 없는 삶

제1부

삶의 여정과 푸른 꿈

삶의 여정

"야망을 가져라! 최선을 다하라!"

이것은 가훈이자 나의 인생목표이다. 나의 첫 번째 참으로 소박한 꿈은 초등학교 교사가 되는 것이었다. 당시 궁핍한 산촌에 몸담고 살아가는 대다수 이들이 운명적으로 그러하였듯이 나 또한 어쩔 수 없이 가난에 찌든 가정에서 태어나 어렵게나마 초등학교를 졸업하였으나, 진부면에는 중학교가 없어 안타깝게도 진학을 포기할 수밖에 없었고, 나의 방황은 그렇게 시작될 수밖에 없었다.

나는 강원도 평창군 진부면 상월 오개리에서 종種자 대大자를 함자로 쓰시는 부친과 모친인 이성구李聖九 여사와의 사이에서 3남 2녀 중 막내로 태어났다. 진부초등학교까지 6㎞나 되는 먼 길을 바지저고리에 짚신을 신고 사시사철 줄곧 그렇게 걸어 다녔다. 그 당시는 일제강점기로 어려움을 겪었으나, 그러다 다행스럽게도 5학년 때, 조국이 광복을 맞는 환희의 감격을 얻게 되었다.

비록 어려운 가정 형편으로 중학교에 진학은 하지 못하였지만 선생님이 되겠다는 꿈을 이루려고, 어린 나이에 모질게 마음을 다잡아먹고 준교사 시험공부에 집중하였다. 천만다행이랄까? 2년여의 주경야독의 끝에 마침내 준교사 자격을 취득하여 거문초등학교에서 꿈에 그리던 첫 교편생활을 시작하게 되었다.

청운의 부푼 꿈을 지니고 역사의 격동기를 온몸으로 견뎌내며 용전초등학교와 도돈초등학교를 거쳐 다시 거문초등학교로 돌아와 도암초등학교와 횡계분교 등 1968년까지 10여 년 간 나름대로 교직생활을 하는 동안 군민의 동량을 기른다는 일념으로 미래의 희망인 어린 꿈나무를 위하여 피가 끓는 젊은 시절에 나름대로 뜨거운 열정과 사명감을 지니고 온갖 정성을 다하였다.

두 번째 나의 간절한 꿈은 아들과 딸, 3남매를 최선을 다하여 대학교까지 가르치는 것이었다. 가혹할 정도로 내 자신의 못 배운 한을 풀겠다는 심정으로 모두 대학 졸업을 시킬 작정이었으나, 둘째 영교가 대학진학을 워낙 완강하게 거부하여 결국 대학졸업을 시키지 못한 것은 지금 돌이켜보면 한이 되어 가슴이 저려온다.

푸른 꿈

성경에서 하느님은 인간에게 극복할 만큼만 고통을 주신다고 하였다. 나는 이 말을 힘겨운 삶의 일상에서 몸소 체득하였기에 그나마 감사하면서 분망한 삶을 살아왔다. 생활고를 벗어나기 위해 고랭지 채소 농사를 지으면서 한 때는 우사에 방 한 칸 붙여 살며 젖소를 키우기도 하였다.

다소 아득한 기억이지만, 집을 지으려고 평창군청에 신축허가를 받으러 갔는데 무려 9번이나 소요되었다. 횡계에서 평창까지 48㎞나 되는 비포장도로를 다녀오려면 하루 품이 족히 들었다. 또 바쁜 농번기에 억지로 시간을 내어 찾아가면 업무담당자가 자리를 비우고 없을 때도 있었다. 한꺼번에 처리할 수 있도록 주민들의 어려운 입장을 배려해주는 공무원은 상상할 수도 없었다.

그럴 때면 내 자신은 '공무원이 변해야 한다.'는 생각을 몸으로 느끼게 되었고 서민의 고통을 몸소 체험하였기에 까닭 모를 울분에 가슴을 끌어안기도 하였다. 정말 나라의 녹을 먹는 공직자인 공무원들이 관존민비의 생각을 버려야 한다는 생각이 종종 절감되기도 하였다. 주민이 없으면 공무원은 아예 존재하지도 않는다는 생각을 공무원 자신들이 먼저 해야 하는데 정말 현실은 마음을 아프게 하였다.

나름대로 나는 오래 전부터 언젠가는 반드시 지방자치제가 시행되어야 한다는 사실을 통감하게 되었고 또 그렇게 되기를 절박한 심정으로 몇 번인가 다짐하기도 하였다. 그 같이 어려운 상황에 부딪게 되다보니 언젠가 지자체가 시작되면 반드시 자치단체장에 출마하여 군수가 되면 잘못된 인습을 바로잡고 군민의 참 머슴이 되겠다는 강한 집착이라고 할까? 집념을 스스로 다짐하게 되었다.

수신제가치국평천하修身齊家治國平天下라는 가르침을 기억 흔적에 담아두며, 먼저 가정이 안정되어야 사회활동을 할 수 있다는 생각을 못내 마음에 다지게 되었다. 그러던 차 덧없는 세월이 강물같이 흘러 1990년 1월에 평창축협 조합장에 출마하여 압도적인 표차로 당선하게 되었다. 당시 평창축협의 예금 규모는 26억 원 정도였다. 자산 확충에 전력하여 조합장 퇴직 무렵에는 놀랍게도 예금 규모가 220억 원에 이르렀을 뿐만 아니라 직원 3명을 상무로 특별 승진시키는 실적을 올리기까지 하였다.

평창읍 종부리에 대지 3,000평을 매입하여 거세 한우 사육을 시작하였던 것이 지금은 전국적인 유명 브랜드인 대관령 한우의 초석이 되었던 것은 지금 돌이켜 보면 그저 가슴이 뜨겁다. 그러던 차에 1997년에는 자랑스럽게도 평창축협이 국내 최초로 한우 고급육 품질인증을 받았다.

나름대로 축협 조합장으로 밤잠을 설치며 열정을 쏟으며 보다 성실하게 일하면서 노력한 결과는 민선 초대 평창군수로 당선되는데 밑거름이 되었다. 그렇다. 세상의 이치란 노력하고 베푼 만큼 돌아오는 것일 뿐 아니라, "길이 없으면 길을 만들어야 하고, 바로 그곳은 희망의 시작이다."라는 교시적 가르침처럼, 기적적으로 1995년 6월 민선 군수 선거에서 무소속으로 출마하여 자랑스러운 평창군민들의 열렬한 지지와 성원으로 당당하게 당선을 하였다. 마침내 그해 7월 1일에 민선 초대 군수로 부임하여 군정의 책임을 맡게 되어 그 서러움 속에서 몇 번인가 결의를 다짐하고 심장 깊은 곳에 푸른 꿈을 키워왔던 어제의 일들을 기억 흔적에서 불러일으키며 평창군민의 자존감을 회복하는 새로운 지평을 열어가는 보행을 시작하게 되었다.

평창군수선거
큰일꾼、김용욱
무소속
평창을 키울 확실한 살림꾼
기호 2
김용욱

서로가 합심해서 선을 이루리라

선거 당시의 공약처럼 "공무원은 주민의 세금으로 급여를 받으니 주민의 머슴이 되어야 한다."는 머슴론을 실천에 옮겼고 그에 대한 성과는 당해 연도 말에 평가를 통해 인사고과에 반영하도록 강력하게 행정지시를 하고 일선에서 조금은 가혹할지도 모르지만 솔선하여 강하게 추진하였다.

1996년 1월 신년사를 통해 '평창군의 공직자는 모든 업무를 군민의 머슴으로 최선을 다하도록 지시하였으며 만일 잘못하면 불이익을 감수하여야 한다.'고 주지시켰다. 군민들에 대한 첫 번째 공약 실천사항으로 종합민원실을 설치하였다. 건평 320평에 전담 공무원 65명을 배치하여 모든 민원을 신속하게 처리토록 하였다.

군청 산하 1실 14과와 8개 읍면에서 처리할 업무를 종합민원실에서 신속하게 처리하는 제도적 장치를 보강하였다. 주민에게 다가가는 종합민원처리시스템은 1997년도 기초단체 종합평가에서 3위를 차지하였으며, 1998년도에는 95점을 받아 기초광역을 포함하여 258개 자치단체에서 마침내 공무원 친절 1위를 차지하는 결과를 낳게 되었다.

1996년도에 군내에서 생산된 감자가 풍작으로 판로가 어렵게 되었는데 설상가상이라고 할까? 인근의 도시인 강릉의 안인에 북한 잠수정이 침투하는 사건이 발생하여 군민들이 생산한 감자에 대한 판로 해결이 더 더욱 어려워 평창군 일대의 농민들은 감당하기 어려운 큰 시름에 잠기게 되었다.

평창군 행정의 수장을 책임지고 있는 군수로서의 나는, 고민 끝에 서울시장, 경기도지사, 대전시장, 육군참모총장 등을 수시로 방문하여 판매 촉진에 팔을 걷어붙이고 나섰으며, 한편으로는 지금 회고하여 보아도 정말 감사하게도 이 같은 농민들의 딱한 사정을 전하여 듣고 서울에서 목회활동을 하시던 김명혁 목사님이 주도하여 천주교, 불교, 원불교 등 4개 종단에서 7억 원을 모금하여 북한에 1,700톤의 감자를 보내게 된 관계로 인하여 굶주림에 허덕이던 북한의 동포들을 돕는 계기가 되었을 뿐만 아니라, 실질적으로 평창군민 소득에도 크게 기여할 수 있었다.

사실 지금 돌이켜보아도 기적 같은 그 일은 그야말로 "서로가 합심해서 선을 이루라."는 성서의 말씀처럼 못내 가슴 뿌듯한 일이 아닐 수 없다. 그러나 수백 년의 뿌리 깊은 인습과 부패한 문화를 짧은 시일에 개선하며 강력하게 추진하다

보니, 다소의 부작용으로 안타깝게도 면장 1명과 과장 1명의 사표를 받고 또 행정과장을 직위해제 하는 등 타성에 젖어 있던 공무원들을 심하게 다루었던 것이 어쩌면 재선에서 낙선하게 되는 결과를 초래하는 원인이 되기도 하였다.

▲ 1996. 북한동포에게 감자를 보내며

무엇보다 분명한 것은 자기 합리화나 변명일수도 있지만, 재선의 실패는 어디까지나 내 자신의 입신출세나 사리사욕을 위해서가 아니라, 군민에 대한 각별한 관심을 위한 공직기강 확립과 정의사회 실현을 위해 모질게 다짐하고 내린 결정이기에 당사자나 그 가족에게는 미안한 마음이 있지만 그 결정에는 지금도 후회는 없다.

재선에 실패한 후, 나는 모든 것을 내려놓고 스스로를 자위하며 천직이며 생업인 농사꾼의 일상으로 다시 돌아왔다. 자연은 인간을 배반하지 않는다는 가르침처럼 애씀의 땀을 열심히 흘린 결과로 어려움 속에서도 천만 다행이랄까? 매년 3,000만원 정도의 소득을 올리게 되었다. 농번기인 겨울에는 천혜의 태백준령에서 스키를 타고 분망한 삶의 틈새에서도 여유로운 시간을 스스로 지혜롭게 관리하며 다양한 취미활동으로 마음을 다스리며 모든 것을 긍정적으로 생각하면서 평상심을 찾으려고 노력하였다.

안동김씨 충렬공 27대손(평창파)

▲ 1996. 노성제

안동김씨는 신라김씨의 시조인 대보공大輔公 알지閼智의 후손 중의 한 성씨이다. 평장사공平章事公 숙승叔承-경순왕의 손자을 시조로 모시고 있으며, 경순왕의 8대손으로서 고려조에 출장입상하여 높이 추앙받은 충렬공忠烈公 방경方慶을 중시조로 모시고 있다.

충렬공은 안동에서 출생하여 고려조에 삼별초를 평정하고

고려 도원수로서 일본 원정에 나선 뒤, 다시 돌아와 최고 관직인 추충정난정원공신 벽상삼한 광정대부 삼중대광 첨의중찬 판전리사사 세자사로 치사致仕한 후 가자加資되어 첨의령僉議令에 이르렀으며, 상락군上洛君 개국공開國公에 봉해지고 안동을 식읍으로 받았다.

몰沒후에는 선충협모 정난정국공신 벽상삼한 삼중대광에 추증되고 시호 충렬忠烈을 받았다. 안동김씨는 신라 왕손이며 고려왕의 외손으로서 고려 500년간 대대로 공경장상公卿將相이 끊이지 않았다. 고려가 망하자 많은 사람들이 불사이군의 충절을 지켜 각 지방에 흩어져 은거하였고, 그 후 형성된 세거지世居地를 중심으로 후손들이 번성하였다.

충렬공의 27대손인 나의 항렬자는 '容'이고 28대손인 자녀들의 항렬자는 '敎'이다. 부친(元植)은 己亥生으로 3남 2녀를 두셨다. 나주김씨 모친 소생인 큰형님 得泳(1907년생)과 모친인 이성구 여사는 위로 작은형님 용갑과 두 누이인 愛子(1918년생)와 愛正(1927년생), 그리고 막내로 나를 낳으셨다.

조부(善璟)께서는 평북 영변에서 상처하시고 영변 부둣가에 묻고 큰터(일명 여삼동)로 월남하여 피난을 하였다. 그 후 도암면장의 따님인 밀양 박씨와 혼인하여 데릴사위가 되어 5형제를 낳고 일가를 이루었다. 현재 알펜시아 리조트 스키점프대가 자리한 용산리에서 재산을 불려 다행스럽게도 주위에서 부자로 일컬어지게 되었다.

그 후에 직접 영변으로 가서 선친(壽龍)의 유해를 보따리에

싸서 혼자 힘으로 짊어지고 44일을 걸어 지금의 횡계리에 모셨다. 조부께서는 당시 소 한 마리 값으로 선영을 마련하여 증조부님을 모셨다. 후손에게 발복이 되는 명당 중의 명당이었다. 동계올림픽경기장 부지에 편입되어 8억 원의 보상금을 받게 되었다.

부친께서는 큰 터에 살다가 1913년에 상월 오개리 샘말로 이사를 하였다. 열아홉 살부터 훈장을 시작하였으며 노동리, 이목정, 큰터 등지에서 오랜 날 훈장을 하셨다. 필자인 나 역시 초등학교를 졸업하고 부친 밑에서 한문을 배웠다. 부친께서는 성품이 다소 강직하였으나 동생들을 아끼고 사랑하는 자애로우면서도 엄격한 면을 지니신 전형적인 학자 타입의 어른이셨다.

평소에 항시 웃어른들에게는 '절을 하라'는 말씀을 많이 하셨고, 평생 즐겨 술을 드시는 애주가이면서도 주사가 없는 분이었으며, 항시 인정이 많아 너그러우신 성품으로 후학을 가르치는데 열중하여 강직하고 곧은 생활을 하셨다.

둘째 영교가 주관하고 가까운 종친들이 모여 자녀들에게 씨족의 뿌리를 널리 알리기 위해 1998년 12월 31일에는 안동김씨 평창파 가족지家族誌를 간행하였다.

‘똥싸개’의 유년시절

강물처럼 덧없이 흘려보낸 지난 시간을 돌이켜보노라면 어느 가정이나 크게 다를 바 없겠지만 나의 유년시절은 너무도 견디기 힘든 가난으로 찌든 시간들이었다. 옷이라고는 살 속으로 파고드는 바람을 감싸는 중애적삼이 고작이었고 여름에는 게다(일본 사람들이 신는 나막신)를 신고 겨울에는 미투리를 신고 시오리 길을 힘겹게 오가며 진부초등학교에 다녔다.

게다는 신고 다니기에 너무 불편하여 학교를 오갈 때, 신지 않고 허리춤에 차고 맨발로 걷다가 학교에 거의 이르면 신고 들어갔다. 겨울에는 짚으로 삼은 미투리를 신고 다녔으니 생각만 돌이켜도 정말로 가슴이 저며 오는 시간들이었다. 학교에 등교하여 벗어놓았다가 집에 올 때 신으려고 미투리를 찾아보면 꽁꽁 얼어 있는 지경이었다.

하기야 양말은 거의 생각할 수도 없는 형편일 뿐더러 발싸

개 헝겊으로 두 발을 두르고 다니던 시기인 까닭에 동상에 걸리는 일은 다반사였다. 적삼 소매로 바람이 들어와 토시를 만들어 끼기도 하였다. 항시 추위로 동상에 걸린 탓으로 나는 추우면 종종 온몸이 가려워지는 증세가 있었다. 그래서 학교에 갔다 오면 어머니는 숨 돌리기 바쁘게 꽁꽁 얼어 있는 몸을 늘 화롯불에 녹여 주시고 하셨다.

당시만 해도 나는 다른 아이들에 비해 키가 작고 체격이 왜소하여 진부에 사는 아이들로부터 상월 오개리 촌놈이라고 놀림을 당하곤 하였다. 그 같은 연고로 어린 마음에도 학교에 갈 때마다 걱정이 늘 이만저만이 아니었다. 그러고 보면 학교 폭력 문제는 형태만 다르지 옛날이나 지금이나 마찬가지였다는 생각이 든다. 그래도 그나마 큰형님의 아들인 왈교 조카가 같은 또래여서 많이 의지가 되었다.

그러던 3학년 어느 아침 조회 시간에, 공교롭게도 배변이 급한 나머지 옷에 변(똥)을 묻히는 사건이 아이들에게 알려진 이후로는 창피스럽게도 '똥싸개'라는 별명까지 얻게 되어 시쳇말로 왕따가 되었다. 돌이켜 보면 똥이 마려운데 조회는 끝나지 않고 어쩔 줄 몰라 하며 고민하던 그 시간은, 지금 돌이켜 생각해 보아도 정말 아찔하고 식은땀이 저절로 난다. 요즘 아이들이야 자기의 고충을 표현하고, 처한 정황을 주저하지 아니하고 선생님께 언급하지만 시골뜨기에다가 소심한 나는 그냥 참고 버티는 참으로 우직한 방법 외에는 다른 방도를 전혀 생각하지 못하였던 것이다.

또 당시는 일제암흑기라 지금과는 상상도 되지 않을 정도로 학교의 분위기도 확연히 달랐다. 조회가 끝날 때까지 모든 학생들은 강제적으로 부동자세를 유지하여야 하였다. 불편한 몸으로 어기적거리며 화장실(변소)에 도착해 막 옷을 내리려는 순간, 더 이상 참지 못하고 옷에다가 변을 보고 말았다. 당황하여 옷을 벗어서 일단 묻은 똥을 털어내었지만, 그 냄새가 여전하였을 텐데 옷을 주섬주섬 챙겨 입고 태연하게 교실로 들어갔으니 그 광경은 보나마나였다.

차라리 왈교 조카를 불러 집에 갈 때 내 책보도 가져오라 하고 그냥 집으로 갔으면 되었을 것을, 화급한 나머지 어린 생각에 일단 변을 닦았으니 책보를 두고 그냥 집으로 갈 수 없다는 생각으로 교실로 돌아갔으니 '똥싸개'란 별명을 얻은 것은 어쩌면 당연한 일이 아닐 수밖에.

일본인 교사들은 어린 우리들에게도 시키는 것이 많았다. 관솔을 따오라고 하는가 하면 피마자를 가져오라고도 하였다. 아이들의 놀림과 따돌림 속에서도 그나마 다행이랄까? 나는 중간 정도의 성적은 유지하였다. 5학년 때 8·15광복을 맞았다. 5학년 때 처음으로 먹어 본 사탕 맛은 지금도 생생히 떠오르지만, 겨우 목숨을 연명하며 굶주림에 시달리며 어렵게 살아가는 산골 마을이고 나이 또한 어렸을 때의 일이라 조국 광복에 대한 감동이라든가 이런 것에 대한 남다른 기억은 별로 없다. 그 당시 어른들이 기뻐하였기에 막연히 우리들도 물론 기뻤을 것이라는 생각뿐이다.

초등학교 선생님에의 꿈

초등학교 선생님이 되는 것이 나의 첫 번째 꿈이었다. 그러나 그 꿈을 이루기 위해서는 상급학교에 진학을 해야 하였다. 가정이 비참할 정도로 가난하여 초등학교도 겨우 마친 내가 상급학교에 진학한다는 것은 그야말로 꿈같은 일이었다. 그 당시 진부면에는 중학교가 없어서 진학을 하려면 유학을 하여야 했다.

나는 진학을 포기하고 훈장이신 부친으로부터 한문을 배우며 형을 도와 농사일을 하였다. 비록 진학을 포기하였지만 선생님이 되겠다는 꿈을 포기한 건 아니었기에 막연하나마 '궁하면 통한다.' 라는 이치로 무언가 나름대로 방법을 모색하려고 여러모로 속을 태웠다. 그러던 차 참으로 다행스럽게 상급학교에 진학하지 못한 사람은 강의록을 구입하여 독학하는 방법이 있다는 것을 우연히 알게 되었다.

어렵사리 강의록을 마련하여 주경야독을 하였다. 어린 나이에 농사일을 마치고 육체가 나른할 정도로 피로에 지쳐 있는 늦은 시간에 공부를 한다는 것은 여간 힘겨운 일이 아니었다. 그러나 나에게는 초등학교 선생님이라는 꿈이 있기에 이 정도의 고난은 충분히 참고 견딜 수 있었다. '하늘은 스스로 돕는 자를 돕는다.' 준교사 자격시험 준비를 한다는 얘기를 전해 들었는지 거문초등학교 이형연 교장선생님으로부터 일단, 거문초등학교에 강사로 오라는 연락을 뜻밖에 받게 되었다.

당시에는 교사가 턱없이 부족하여 임시로 강사를 채용하는 일이 종종 있었다. 이형연 교장선생님은 용산 출신으로 집안끼리는 서로 아는 사이였다. 선생님이 되겠다는 나의 목표가 한 발 앞당겨지는 놀라운 순간이었다. 이제 농사일을 하지 않고 아이들을 가르치며 더욱 열심히 준교사 준비에 매진할 수 있다는 사실에 가슴이 뭉클하여졌고 뜨거운 눈물은 두 뺨을 적셔주었다.

호사다마라는 옛말처럼 그해 6월 25일 정말 뜻하지 않았던 민족의 비극인 한국전쟁이 일어났다. 온 나라가 난리에 휩쓸렸지만 이곳 첩첩산중에는 사실 그렇게 큰 변화나 전쟁의 참혹상은 다행히 없었다. 대부분 마을 주민들이 산골마을이라 피난도 가지 않았고 학교도 그대로 운영되었다. 조상님들의 은덕이랄까? 1951년도에는 그렇게 소망하고 꿈에 그리던 준교사 자격시험에 큰 어려움 없이 응시할 수 있었다. 시험은 춘천에서 치러졌다. 비포장도로에다가 빙빙 돌아가야 하는 춘천까지의 거리는 여간 먼 곳이 아니었다. 심한 멀미 증세가 있는 나는 자리에 앉지도 못하고 출입문 문간에 서서 찬바람을 맞으며 간신히 차편으로 춘천까지 갔다.

세상에 쉬운 일은 없으며, 그렇게 세상사는 매사가 마음먹은 대로 이루어지는 것은 결코 아니다. 첫 번째 준교사 시험에서는 음악 한 과목만 합격하였다. 비록 시험에는 떨어졌지만, 그해 나는 꿈처럼 마음이 어질고 고운 새아씨를 아내로 맞는 행운을 얻게 되었다. 나는 결혼으로 인해 오로지 가장이라는 책임감에 사로잡히게 되어 더욱 준교사 시험 준비에 열정을 쏟아가며 매진하게 되었다. 당시 부친은 상월 오개리의 이장 일을 보고 있었는데, 그나마 다행스럽게도 나의 나이가 세 살이나 어리게 호적에 올려 있는 탓으로 마침 학도병 징집이 되지 않는 행운을 얻게 되었다.

이듬해에 준교사 자격시험에 나머지 과목이 기적처럼 모두 합격 처리되었다. '준교사 자격시험 합격!' 내 삶의 여정에서 목표로 잡은 첫 번째의 꿈이 이루어지는 순간이었다. 한국전쟁 중이라 교사가 부족한 관계로 즉시 초임 발령이 났다. 정말로 가슴 뿌듯하게도 당시 몸담았던 거문초등학교에서 이제부터는 강사 신분이 아니라 당당한 교사로서의 새로운 출발을 하게 되었다.

하늘이 내린 선물, 아내 임금진

▲ 1996. 평창군수 관사에서

나는 살아온 날을 뒤돌아보면 주위의 누구보다도 참 복이 많은 운명의 소유자임에는 틀림이 없다. 삶의 매순간 계획했던 모든 일들이 꼭 이루어진 것을 돌이켜보면 나는 시운을 타고 난 모양이다. 참으로 혼돈의 격랑 속에서 지나쳐 온 삶을 되돌아보며 곰곰이 생각해 보니 이러한 복을 만들어 나에게 안겨준 사람은 운명적으로 만난 바로 사랑하는 아내 임금

진의 오로지 눈물겹게도 헌신적인 내조의 결과에서 비롯되었다는 사실이다.

아내는 두 집 건너 살던 바로 이웃집의 처녀이다. 중학교 진학을 못 하고 준교사 자격시험 준비를 하며 거문초등학교 강사로 나갈 때에 나는 천상의 배필인 아내와 결혼을 하게 되었다. 부친께서 아랫집 영감님께 중신을 부탁했는데, 그 영감님 집은 우리 집과 처갓집의 가운데에 자리해 있었다. 그 같은 조건이 지금 생각하면 웃지 못 할 일이지만, 이쪽저쪽 양쪽 집의 중신을 서게 된 셈이다.

아내의 집은 나의 집에 견주면 부유하였다. 소도 키우고 길쌈도 많이 했다. 나보다 한 살 연상이었는데, 무척 부지런하여 하루에 베를 한 필씩 짰다. 우연히 빨래터를 지나다 몇 번인가 힐끗 쳐다본 적이 있었지만, 인연이 맺어지려는 팔자인지는 몰라도 첫인상이 눈길을 사로잡게 되었고 못내 가슴을 뜨겁게 하였다. 그러나 그때는 젊은 남녀가 사랑을 고백할 수도 없었고, 또 서로가 좋아할 재간도 없었고 소심한 성격의 나에게는 전혀 그럴 용기도 없었다.

하늘이 점지한 탓일까? 혼사는 매우 순조롭게 집행되었다. 아무런 걸림돌 없이 양가 부모님에 의해 혼사날짜가 잡혔다. 음력 11월, 엄동이었다. 초등학교 정식 교사도 봉급이 그야말로 쥐꼬리만 할 때이니 강사의 봉급이야 새삼 거론할 필요도 없을 것이다.

신혼 당시 나의 기억으로는 한 번도 심성이 착한 아내에게 봉급을 갖다 준 적이 없을 뿐더러 오히려 받아갔던 것 같다. 참으로 현명하고 배려심이 강한 아내는 열심히 살림을 늘렸고 나름대로 처가에서 길쌈을 하고 송아지를 늘려 가지고 온 지참금(?)도 조금 있어 그야말로 나는 횡재를 하였다고 하여도 결코 지나치지 않은 정황이었다.

사실 결혼하고 이듬해에 준교사 시험에 최종합격하였으나, 어떤 면에서는 나름대로 내 자신이 인내하며 노력을 아끼지 않았다고 할 수도 있지만, 이것도 따지고 보면 아내의 헌신적인 도움에서 비롯된 것이다. 초등학교 교사로 일할 때도 나는 남들이 부러워할 만큼 내가 하고 싶은 일들을 그래도 할 수 있었다. 경연대회 심사위원으로도 다니고 학생들을 데리고 모리재 넘어 대화까지 친선대회에도 참석하고 거커리의 동네 길도 그나마 마음에 여유를 갖고 어디까지나 닦고 넓히는 작업을 할 수 있었다.

이 모든 행위가 실로 보람 있는 일이지만, 가정을 책임져주는 아내가 없었으면 어디 꿈엔들 생각할 수 있을 것인가 싶다. 이처럼 크고 작은 이 같은 매사의 일들이 내 인생 최대의 행운은 바로 아내로 인하여 주어진 값진 선물임에는 틀림이 없다.

▲ 2009. 대관령목장에서

자랑스런 아들 인교, 영교

맏이 인교가 태어날 즈음은 전후 복구가 한창일 때라, 국가적으로 그야말로 연명하기조차 힘든 무렵이었다. 남들이 보기에는 초등학교 교사로 근무하고 있으니 그래도 먹고는 살겠지 하겠지만 나는 한 번도 봉급을 아내에게 갖다 준 적이 없었으니, 그 어려운 시기에 살림을 꾸리느라 아내는 무척 힘들었을 것이나 전혀 내색을 하지 않았다. 그러나 그때는 그런 생각조차 하지 못했다. 철이 덜든 것인지 지금 생각해 보면 먼저 간 아내에게 너무 미안하고 죄스러운 마음 또한 간절하지만, 도무지 이해가 가지 않는다.

곁방살이를 하면서 인교를 낳았는데 젖이 나오질 않았다. 먹은 것이 없는데 젖이 나올 리가 없다. 게다가 젖꼭지 밑이 헐어서 도저히 젖을 물릴 수도 없었다. 지금처럼 우유가 있는 것도 아니고 동네에 젖동냥을 다닐 곳도 없었다. 밥을 하다가 쌀이 끓을 때 밥물을 떠서 먹였다. 우선 허기는 채웠지만 영양가가 없으니 발육에 다소 문제가 생겼다.

보통 돌이 되면 걸음마를 시작하는 법인데 인교는 돌이 지나도록 일어서지 못하고 앉아서 조금씩 움직였다. 어린 아이를 지켜볼 때마다 마음이 아팠다.

어느 날은 아이가 몹시 아파 어찌 할 도리가 없어 읍내로 데리고 나갔는데 도중에 우연히 의원을 만났다. 아이를 설펴보더니 급체라고 하며 아이를 안고 등을 두드리고 주무르고 하니 그제야 아이의 혈색이 평상으로 돌아왔다. 그 의원은 병원에 갈 필요가 없으니, 그냥 집으로 데려가 한숨을 재우라고 고맙게도 친절하게 일러주었다.

아이는 영양실조로 발육이 부진하다 보니 잔병치레를 자주 했다. 한 번은 갑자기 아이가 자지러져 경기를 하며 정신을 못 차리는 것이었다. 병원에 입원을 시켰는데, 의사는 맹장염이니 내일 수술을 하자고 하였다. 지금 생각해 보면 어린아이 맹장염은 참 드문 일이나, 의사가 맹장염이라니 달리 어쩔 도리가 없었다.

밤을 꼬박 새고 이튿날이 되어서도 수술비가 없어 수술도 못하고 있자니 아이가 똥을 누었다. 그러더니 혈색이 돌아오고 아이가 멀쩡해 지는 것이었다. 역시 급체였다. 만약 배변이 늦어 맹장수술을 하였더라면 의사의 오진에 의해 어린 인교가 어떻게 되었을지? 지금 생각하면 눈앞이 아찔할 뿐 상상도 하기 싫은 심정이다.

의술이 고도로 발달한 오늘날도 오진이 잦은데 그때야 말할 것도 없다. 아마 의학공부를 하지 않고 주워들은 실력으로 의원을 차렸는지도 모른다.

둘째 영교는 큰 아이 병치레 때문에 신경 쓸 겨를이 없었던 탓인지 타고난 체질인지 너무 쉽게 순산하였다. 배가 아프다고 화장실 다니러 간 산모가 건강한 아이를 안고 들어왔다. 둘째 영교는 산부인과에서 출산한 것이 아니라 화장실에서 출산한 것이다.

요즈음은 아이를 하나 아니면 많아야 둘 낳는 시대이니 출산을 무슨 벼슬하듯이 하지만 그 옛날에는 밭일 하다가도 아이를 낳고, 이렇게 화장실에 볼일을 보러 갔다가 출산하는 경우도 다반사였다. 지금 돌이켜 생각을 하여 보면 둘째 영교를 아내가 낳고 난 후에야, 큰 아이 인교가 걸음마를 시작한 것 같다. 그러니까 인교는 네 살 때가 되어서야 겨우 걷기를 시작한 것이다.

초등교사 시절

영교가 태어나던 1958년에 용전초등학교로 전근 발령이 났다. 거문초등학교에서 강사로 시작하여 준교사 시험에 합격하고 이제 다른 학교로 전근이 되고 보니 선생님이라는 실감이 났다. 학급 아이들의 집을 일일이 돌면서 가정방문에도 열정적으로 임하였다.

어려운 생활 속에서도 담임선생님이 찾아왔다고 다들 무척 어려워하면서도 반갑게 맞아 주었다. 이미 알고는 있었지만 모두가 정말로 힘들게 산다는 것을 다시금 확인할 수 있어 마음이 못내 아팠다. 나는 삶의 현장에서 다소 감상에 젖어 젊은이들의 심금을 울렸던 심훈의 농촌계몽소설인 『상록수』에 나오는 주인공 영신과 동혁처럼 그렇게 살겠다는 각오를 새삼스럽게 다지기도 하였다.

이듬해인 1959년도에 평창 도돈초등학교로 전근 발령이 났다. 전근과 함께 나는 정말로 오랜만에 푸른 산자락과 도돈초등학교 인근에서 햇살에 반짝이는 맑은 냇물이 흐르고 있는 것을 가끔은 눈여겨 볼 수 있었다.

아이들 수업을 파하면 거의 매일 냇물로 나가 천렵을 하였다. 물고기가 얼마나 많은지 그냥 양동이에 퍼서 담는다고 해야 할 정도였다.

사람이 천성을 바꿀 수는 없는가 보다. 나는 뒷방에 물러나 있는 듯 없는 듯 사는 것은 체질에 맞지 않았다. 남보다 앞서야 되고 남 앞에 드러내는 것을 즐겼다. 그냥 재건 복이나 입고 다니면 될 것을 굳이 양복을 맞추어 놓고는 양복 값을 갚느라 한 때는 고생하기도 하였다. 그래도 그게 싫지 않았다. 그 정도쯤은 얼마든지 즐기며 살 수 있는 것이라고 자위하기도 하였다.

내친 김에 자전거를 한 대 샀다. 당시만 하여도 시골에서 자전거가 귀하고 드물 때이니 값이 또 만만치 않았다. 요새 교사 봉급과 비교를 한다면 차 한 대 값에 버금가는 액수였다. 교사 봉급으로는 어림없는 일이었다. 그렇지만 걸어 다니는 것보다는 왠지 폼이 나고 멋있어 보였고, 당연지사로 자전거를 타면 힘이 덜 들었다. 그러나 고액의 자전거 값을 갚는데 아마 열 달은 족히 걸렸을 것 같다.

평창 시내에 나갔다가 모처럼 쌀을 한 말 사가지고 자전거 뒤에 싣고 돌아오는데 신바람이 났다. 평소 안 하던 짓을 하니 기분도 좋고 세상이 모두 내 것 같아 콧노래를 부르며 돌아오는데 갑자기 자전거가 잘 나가지 않는 것이었다. 무슨 일인가 싶어 내려서 살펴보니 아뿔싸 이게 웬일인가? 자전거 뒤에 실었던 한 말 쌀이 다 쏟아지고 겨우 한 줌 남은 쌀이 밑으로 늘어뜨려져 자전거 바퀴 살 속에 끼인 것이다.

양복에 자전거 산 일로 아내에게 조금은 눈총을 받아오던 차에 큰 맘 먹고 저지른 일인데 허탈하기 짝이 없었다. 되돌아가며 쓸어 모을 수도 없고 날아다니는 참새 좋은 일만 시키고 말았다. 길옆에 주저앉아 생각하니 한편으로는 속이 상하고 또 한편으로는 지금껏 깊은 생각 없이 기분에 의해 살아온 삶이 비로소 후회가 되었다.

정말로 나라는 인간은 '작심삼일'이라는 말처럼 좋은 일도 자신이 마음먹은 대로 안 된단 말인가? 후회막급일 뿐이다. 오늘의 정황 하나만이라도 집에 돌아가 아내에게 자초지종을 얘기한들 그 말을 과연 믿어줄지도 의문이라는 사실을 놓고 마음이 못내 쓰려온 끝에 눈물이 핑 돌았다. 그렇다. 이처럼 무절제한 생활로 성실함을 상실한 탓에 또 평소 가정을 등한시 해 온 나이기에 결코 아내가 믿어주지 않을 것은 불을 본 듯 뻔한 일처럼 여겨졌다.

비교적 그 무렵은 전근이 잦았다. 이듬해인 1960년도에 다시 거문초등학교로 발령이 났다. 교사의 꿈을 실현한 곳이 이곳이니 여기는 내 집과도 같은 곳이다. 제 집에 돌아왔다는 심정으로 일을 구체적으로 계획하고 이것저것 일을 많이 벌렸다. 아이들을 데리고 이웃학교와의 친선축구경기도 하고 학교 내에서도 가급적 많은 행사를 했다.

나는 그때나 지금이나 패션에 관심이 많다. 좋게 생각하면 유행에 잘 순응하는 것이지만 나쁘게 보면 좀 사치하고 건방을 떤다는 표현이 맞을 것이다. 그러다 보니 주위 사람들에게 항시 인기가 좋았다. 남들이 엄두를 못 내는 자전거를 사는 것이나 멋진 양복을 맞추어 입는 것이 다 그런 일이다. 125cc 오토바이도 이 지역에서는 내가 구입해서 제일 먼저 타고 다닌 것 같다. 사실 분에 넘쳤지만, 그랜저 승용차도 내가 제일 먼저 샀음은 말할 필요가 없다.

청천벽력 교사면직

1961년에 5·16 군사혁명이 일어났다. 병역 미필자는 모두 공직에서 물러나야 했다. 나는 병종 징집면제를 받았기에 교직에서 물러날 수밖에 없었다. 그냥 물러나기만 하는 것이 아니라 집단 군사훈련도 받아야 했다. 평창에 나가 몇 주간 군사훈련을 받았다.

요즘 아이들이 병역면제를 신의 아들이라 부른다고 한다. 나는 한국전쟁 때 1933년생이 1936년생으로 호적에 올라 학도병 징집이 되지 않았다. 확실치는 않으나 당시 이장 일을 보시던 부친께서 늦게 출생신고를 하셨는지, 또는 실제의 연령을 줄여 신고를 하셨는지는 알 수는 없지만 아무튼 학도병으로도 입대하지는 않았다.

훗날 춘천에서 징병검사를 할 때 을종을 줄 수도 있고 병종을 줄 수도 있는 여건이었다. 그 당시 설상가상이라고 할까? 운명의 장난이라고 할까? 또 친척 형님이 병역업무를 담당하였는데 아이들도 있는데 지금 군대에 가면 어떻게 하겠느냐며 편의를 보아준 것이 5·16 군사혁명이 일어나자 오히려 화근이 되었다.

직장을 잃고 나니 다른 할 일을 찾아야 했다. 나는 선천적으로 농사꾼인 탓에 농사일은 언제든 할 수 있었다. 양봉을 치며 채소 농사를 시작하였다. 무를 많이 심었는데 판로가 걱정이었다. 이 동네는 모두 농사를 지으니 이걸 팔려면 도회지로 나가야만 하였다.

서울이라고는 말로만 들었지 한 번도 가본 적이 없었지만 나는 서울로 가야겠다고 마음을 먹었다. 제무시GMC를 한 대 불러 무를 가득 실었다. 그때는 운임이 거리에 따라서 매겨지지 않고 횟수로 정해졌다. 한 번에 얼마, 이런 식이었다. 횡성을 지나다 자동차 타이어에 펑크가 났다. 하는 수 없이 여인숙에서 자고 다음 날 원주에 가서 타이어를 가져다가 수리를 했다.

그때는 여주에 다리를 5.16 쿠데타로 폭격하고 없어 뗏목으로 차를 실어 날랐다. 사공들이 뗏목을 어깨로 밀어 강을 건넜다. 우여곡절 끝에 서울에 들어갔다. 서소문 시장을 찾아가는데 교통순경에게 딱지를 끊기게 되어 뒷돈을 주고 겨우 넘어갔다. 부산상회라는 곳에 갔더니 무값을 충분히 쳐주어서 팔게 되었다.

서울에 가 본 적도 없는 사람이 무 팔러 가겠다고 무작정

무 한 차를 싣고 서울로 향했던 일을 지금 생각해보아도 스티브 잡스가 '도전하라. 무모하게' 라고 역설을 하였지만, 정말 무모하기 짝이 없는 일이었다. 그러나 나는 남는 일이든 밑지는 일이든 시작을 해야 직성이 풀리는 성격이었다. 무 판 돈으로 아내에게 줄 반지를 사가지고 돌아왔다.

나는 소 키우는 것을 좋아한다. 면직을 당한 후에도 빈집을 얻어 들어와 살 때도 소를 키우고 싶어 했다. 소 장사를 하던 작은아버지의 주선으로 소를 한 마리 사게 되었다. 선들버덩이라고 하는 이목정에서 소를 끌고 오다가 발을 삐어 걷지를 못하게 되었다. 소를 거둘 사람이 없어 소를 도로 팔고 말았다. 그 후로도 나는 줄곧 소를 키워보겠다는 일념으로 생각에 사로잡혀 많은 시간을 흘려보냈다.

재임용, 다시 선생님으로

농사일로 먹고 산다는 것이 그리 수월하지는 않았다. 겨우 먹고 살 정도이지 돈을 벌수는 없었다. 다행히 처갓집이 그래도 여유 있게 사는 관계로 그나마 어려울 때는 가끔 처가에서 쌀을 얻어다 먹으며 살았다. 조금 크게 농사를 지으려면 돈이 필요했다. 이리저리 궁리하던 끝에 삼척탄광으로 가야겠다고 끝내 마음을 다그쳐 먹었다.

돈을 조금 모아 농토를 늘리고 본격적으로 농사를 지어야겠다는 생각을 하고 떠날 채비를 하던 중에 우연히 신문에 준교사 채용 공고가 난 것을 보게 되었다. 나의 첫 번째 꿈이 초등학교 교사였는데 군 미필자로 본의 아니게 꿈을 접어야 했던 나는 눈이 번쩍 뜨였다.

그날로 다시 준교사 임용시험 준비를 하였다. 1964년도에 드디어 시험에 합격하여 재임용이 되었다. 도암초등학교로 발령이 났다. 뛸 듯이 기뻤다. 이제 다시 선생님이 된 것이다. 부친께서 돌아가시고 난 후, 증조부님의 묘소에 비석을 세우며 나는 내 삶을 잠시나마 되돌아보게 되었다. 이곳이 내가 앞으로 살고 뼈를 묻을 곳이라는 확신이 들었다.

도암초등학교에 근무하면서 농사일을 간간히 돌보기 시작했다. 다소 힘겹게 화전도 일궜다. 주변 사람들이 이구동성으로 저렇게 일 많이 하는 사람 처음 본다는 말을 들을 정도로 몸을 돌보지 않고 오로지 일에 열중하였다. 한 평이라도 더 일구겠다는 욕심이 화근이 되어 산불이 번져 큰 사고를 저지를 뻔하였다. 그러다 보니 만 평 정도에 채소 농사를 하였다.

학교에 근무하며 농사일을 하니 여간 바쁜 게 아니었다. 최선을 다했지만 혹시 학생들에게 소홀하지는 않았는지 지금 생각하면 미안한 생각에 부끄러움이 앞선다. 사실 내 자신은 학생들에게나 자녀들에게 매우 엄격한 편이었음을 못내 자위하고 있다.

인생만사 새옹지마

인교가 강릉의 경포중학교에 합격을 하였다. 그 때는 중학교 입학시험이 지금의 대학시험처럼 힘들었고, 경포중학교는 강릉에서도 우수한 학생만이 합격한다는 어려운 학교였다. 학비를 댈 형편이 못 되어 아내가 재수를 시키자고 하였지만 그렇다고 내년이면 좋아진다는 보장이 없어 이웃사람에게 돈을 빌려 진학을 시켰다. 당시 사채의 이자는 일할에서 일할오부였지만, 너무 기분이 좋은 나머지 도저히 그냥 있을 수 없어 동네 사람들을 불러다가 막걸리 한 말을 내는 조촐한 자축연을 베풀었다.

그해에 미현이네의 대지를 구입해서 집을 지었다. 남의 집 곁방살이를 하다가 가옥을 신축하게 되니 절로 흥이 났다. 그러나 '인생만사 새옹지마라.' 하지 않는가? 급기야 예기치 않은 일이 생기고 말았다. 정선으로 준교사 교육을 다녀오는 길에 함께 간 여선생님과 영화 관람을 하고 온 일이 일파만파로 커져 도저히 수습할 수 없을 지경으로 연유야 어떠하든 문제가 급기야 확대되었다.

초등학교 교사가 되겠다던 그 꿈이 또다시 좌절되는 두 번째 위기를 맞게 되었다. 부득이 학교에 사직서를 내고 본격적으로 농사일을 시작하게 되었다. 고랭지 채소 농사를 지으며 채소 장사를 본격적으로 시작하였다. 멀리 제주도에 가서 무씨를 사다 팔기도 하고 감자 장사에도 대대적으로 몸을 담았다.

다소 정보가 어두운 탓에 무를 한 차 싣고 서울로 올라갔다가 값이 맞지 않아 크게 밑지는 일도 있었다. 서소문에 있는 여인숙에서 돈이 떨어져 사흘을 굶고 보니 정신이 혼몽해졌다. 궁리 끝에 서울 사는 5촌 당숙에게 겨우 연락이 닿아 여인숙의 숙박비를 치르고 나와 굶주린 배를 채웠다. 상하차 작업도 가리지 않았을 뿐 아니라, 닥치는 대로 막노동의 현장에서도 날품을 팔기도 하였다. 그런데 당시 야채상회 주인이 한말이 지금도 기억에 생생하다. "당신이 지금 많은 고생을 하지만 사십만 넘으면 상상을 초월하는 일들이 만사형통 할 것이다"라는 말을 하였다. 그분이 나의 어떤 부분을 보고 그런 말을 하였는지는 모르겠지만 신기하게도 정말 서른아홉 살의 나이부터 손을 대는 모든 일들이 막힌 둑이 터지 듯 시원스레 풀리기 시작하였다.

하는 일마다 성이 차지 않아 집으로 끝내는 내려와 집을 담보로 돈을 빌려 김해로 배추 장사를 떠났다. 운명의 신이 허락하지 않은 탓일까? 매사가 풀리지 않고 안 되려고 드니 하는 일마다 연이 닿지 않아 고통의 연속일 뿐이었다. 심지어 아픈 기억이지만, 배추 장사로 큰 손실을 보아 타지에서 오도 가도 못 하고 있을 때 아내가 김해까지 내려와 나를 데리고 집으로 가는 일도 있었다.

가정 형편이 너무 어렵게 되자, 돈을 벌겠다며 인교가 삼척 공업전문학교에 원서를 냈다. 전기과에 차석으로 합격이 되었지만 학비를 늦게 내는 바람에 명부에 누락되어 입학식 날에는 신입생 명부에 올라가지도 못하게 되었다. 하도 어이가 없어서 학장을 찾아가 항의 했더니 등록금 입금이 안 되어 그렇다고 하였다. 돈을 뒤늦게 급히 구하여 가지고 마감직전에 송금을 한 것이 화근이 되었던 것 같다. 그래서 집으로 돌아와 송금한 강릉우체국과 삼척 제일은행의 확인서를 가지고 학장에게 다시 찾아가 항의를 하였다. 그랬더니 당황한 기색이 역력한 얼굴로 하루만 기다려 달라 하여 다음날 찾아 갔더니 입학 확인이 되었으니 안심하시고 돌아가시라 말하였다.

내 아들 인교는 단지 어려운 가정형편을 염두에 두고 2년제인 삼척공전을 택해 하루라도 빨리 가정형편에 보탬을 주려 하였으나, 한 집안의 가장이자 아버지인 내게 일언반구 한마디 의논조차 없었다는 것이 부모로서 기특하지만 가슴 아프고 한편으로 서운함과 괘씸함이 함께 하였던 일이었다.

이러한 우여곡절을 겪으며 인교는 아르바이트와 가정교사로 학업을 유지할 수 있었다.

1970년대에 접어들면서 다시 생활이 점차 안정되기 시작했다. 옛날 서울상회 주인이 했던 말이 생각났다. "사십이 넘으면 모든 일이 잘 풀릴 것이며 상상을 초월하는 일들이 생길 것이다" 라고 했던 말이 생각나며 사실로 확인 되는 걸 느꼈다. 축협 조합장과 평창군수가 될 것을 알고 있었을까?

횡계 새마을금고 감사로 취임하여 엄격하게 관리하여 부실을 막았으며, 대관령 원예조합 감사 재직 시에는 씨감자 파동으로 큰 어려움을 겪을 때마다 잘 대처하여 고비를 넘기게 하여 사람들로부터 신망을 점차 되찾아가게 되었다.

나는 당시 독자층이 두껍던 『思想界』의 애독자였다. 거기 실렸던 명칼럼들은 지금도 가슴을 뛰게 한다. 영교를 경포중학교로 전학을 시켰다. 주변 제반조건이 좋지 않은 도암중학교는 교통이 불편할 뿐만 아니라 교사들의 인격과 실력에도 문제가 있는 곳이었다. 그 이유로 이곳 졸업 후의 아이의 장래가 불투명하여 강릉으로 전학을 시켰던 것이다.

아버지인 나의 간절함이 통하였는지 아이는 추첨을 통해 경포중학교로 진학이 되었다. 그 이유로 살고 있던 집을 처분하고 세를 얻어 이사를 한 후 아이의 교육에 전념을 다 하였다.

당시 남봉현 목사의 설교가 '가정 형편이 어렵고 아무리 힘들더라도 자녀교육을 시키기 위하여 외학을 보내는 김용욱 선생님의 이야기는 인상적이어서 큰 감명을 받았다.' 였다. 다행히도 목찬균 씨로부터 모종을 받아 양채류 농사를 시작하였고, 이때에 부업으로 동아일보 지국을 맡아 운영에도 전념

하였다.

거의 자녀를 키우며 가정을 지키기 위하여 가장으로서 오랜만에 책임을 절감하면서 안 해 본 일이 없을 정도로 아내에게는 부끄럽지만 뒤늦게나마 매사에 열의를 다하였다. 일상적인 삶에 가만히 지켜보고 있지를 못하는 성품이다 보니 눈에 보이면 참지를 못했다.

동일한 생각으로 막내 혜영이도 강릉으로 전학을 보내 자취를 하게 했다. 막내 혜영이는 오빠들과 달리 순종하여서 지금도 고맙게 생각하고 있다. 추첨에서 다행히 강릉여중에 입학이 되었고 삼년간 공부를 열심히 잘하여 강릉여고에 입학을 하였으며, 고등학교 삼년동안 열심히 공부하여 서울에 있는 서울여대에 지원하였는데 합격하였다. 영어 영문과를 졸업하고 중·고등학교 교사자격증을 얻어 평창의 미탄 중학교를 거쳐 지금은 삼척여자 중학교 교사로 재직 중이다. 아주 기특하기 그지없다. 더불어 사위 또한 삼척여고에 교사로 근무를 하고 있다. 1975년도에 인교가 한양공대 통신공학과에 편입을 하였다. 내 평생의 소박한 지론이 아이들은 어떠한 어려움이 따를 지라도 모두 꼭 대학에 진학을 시키겠다는 것이었는데, 인교가 그 나름으로 일단은 작은 꿈을 마침내 이루어주었다.

인교는 1977년도에 학사장교로 공군에 입대하였다. 3남매 대학 졸업시키는 것이 꿈이었으나 영교는 강릉고등학교 재학시 학업에 정진하는 시간보다 농사를 거드는 시간이 비일비재하였다. 대입시 1차는 서울을, 2차는 경북으로 하였다. 지금 생각해 보면 이때 이미 본인은 마음을 굳힌 듯하다. 아쉬움이 남는 것은 2차로 강원도를 지원했다면 시험 없이 강원대를 장학생으로 입학 할 가능성이 많았다는 것이다. 그래서 재수를 권유하였더니 강력한 거절의 의사를 표 하였다. 농사일을 고의로 힘들게 시키면 포기하고 학업으로 돌아갈까 하는 마음으로 일부러 고된 일을 시켰으나 영교는 그 조차도 즐겁고 기쁜 마음으로 해 냈다.

봄농사 부침이 이후 독대를 하여 의사를 물으니 대학 진학을 안 하겠다 말하였다. "돈은 시기가 없으나 배움은 그 시기가 있다" 라고 말 해주며 진학을 권고 했으나 영교는 굳은 의지로 거절하여 끝내 대학 진학을 못 시키고 농사를 지었다.

지금도 그것이 나에게는 못내 가슴에 한으로 남아 있다. 나는 뒷날 오대천에서 김진록, 권오현 등 후배들과 골재사업을 시작하였다. 농사일보다는 벌이가 낫겠다고 시작하였지만 막상 그 사업을 시작하고 보니 매사가 그러하듯 그리 녹록치 않았다. 어쩔 수 없이 적자를 보고 물러나기는 했으나, 또 무리를 해서 삼현동에 초지 3만 평을 매입했다. 그리고 축산고등학교 앞에 대지 82평을 매입하여 젖소 5마리를 입식하여 소를 키우기 시작하였다.

다행스럽게도 1978년도에는 사육하던 소의 마리 수가 점차 늘어나 용산 땅 4천 5백 평을 매입하고 마침내 작은 소망이었던 횡계1리 마을축사에서 소를 사육하게 되었다. 나는 이 땅의 누구보다 소를 사랑한다는 것이 나의 자존감을 회복하는 것으로 자처하고 있다. 채소 장사나 골재사업을 벌이지 말고 애초부터 소를 키워야 하였는데 괜한 욕심으로 한눈을 팔다가 결국은 죽도록 고생만 한 꼴이 된 자신을 가끔은 탓하여 보기도 하였다.

1979년도에 영교가 군에 입대를 했다. 축산고등학교 앞의 집을 정리하고 지금의 집터로 축사를 옮겼다. 씨감자 농사를 하였는데 별로 재미를 보지는 못했다. 용산에 사 놓은 밭을 정리하느라 불도저를 썼는데 돈이 없어 장비 대금을 제때 지불하지 못했다. 엄동설한에 기사 부인이 아이를 업고 찾아왔을 때는 정말 죄책감으로 가슴이 찢어지는 것 같았다. 그 때 삭발을 하고 '참을 인'자를 반지에 새겨 차고 마음에 다짐을 하였다. 절대 남의 눈에 눈물을 나게 하는 일은 결단코 행하지 않겠다고 스스로 굳게 다짐을 하였다.

1980년도에 인교가 결혼을 했다. 축사에 딸린 방에서 며느리를 맞이할 수밖에 없을 정도로 사실 집안 환경은 말로 표현할 수 없을 만큼 형편이 없었다. 명색이 서울 며느리를 맞이하는데 냄새나는 축사에서 인사를 받았으니, 지금 돌이켜보면 해도 해도 너무 한 일이라 아비로서 할 말이 없을 뿐이다. 오죽했으면 며느리가 코가 썩는 줄 알았다고 말을 다 했을까? 그해 결심을 하고 삼현동 초지를 정리했다.

1982년에 영교가 제대를 하였다. 이듬해에 녹말공장 땅 2천평을 매입했다. 본심이 비교적 온순하고 충직하여 미덥고 농사일을 잘하는 영교도 돌아오고 하여 본격적으로 축사 일을

▲ 1998. 백두산 천지

점차 의욕적으로 키워나갔다. 1984년도에는 지금 거처하는 집을 신축하였다. 여유 돈은 한 푼 없는 실정이었지만 혜영이가 적금 들어 모아놓은 돈을 가지고 마침내 이 같은 일을 서둘러 시작하였다.

당시 강릉에서 제일 잘 지었다는 두 가옥의 건축설계를 가지고 집을 짓는데 시작부터 여간 힘든 일이 아니었다. 신축허가를 받는 데만 족히 9일이 걸렸다. 이 때 내가 생각한 것은 늘 의식의 언저리에 맴돌던 생각이지만, 반드시 국가의 녹을 받는 공무원들이 의식의 전환으로 생각이 바뀌어야 한다는 것이었다. 반드시 공무원은 주민을 위해 있어야지 주민이 공무원을 위해 존재한다는 것은 말이 안 된다는 생각에 못내 울분이 끓어올랐다.

아무튼 가진 것 없이 시작했지만 3층으로 집을 마쳤다. 들어간 돈도 8천여만 원에 이르렀다. 집을 다 짓고 나서 둘째 며느리를 보아야겠다고 마음을 먹었다.

사돈집은 평소 알던 집이었지만 영교하고 미리 상의한 것은 아니었다. 그냥 내 맘에 들기에 찾아가 딸을 며느리로 달라고 하였다. 며칠 생각할 말미를 주겠다고 하고 나오면서 '그쪽에서 싫다고 하여도 내 며느리 삼을 거니, 그리 알라.' 하고 엄포를 놓고 돌아와 영교에게 나의 생각을 얘기 했더니 평소 효성이 지극한 탓인지? 연이 닿은 탓인지? 다행히 싫은 기색은 아니었다. 이렇게 하여 1985년도에 둘째 며느리를 맞이하고 그해 11월 30일에는 참으로 귀한 손자 주형이를 하늘의 선물로 얻게 되었다.

아름다운 동행

▲ 1997. 환갑잔치 – 자택에서

세월이 흐르다 보니, 뜻하지 않게 평창군 유기농업환경연구회의 지회장을 맡게 되었다. 버스를 대절하여 회원들을 데리고 1박 2일 연수를 다녀오게 되었다. 톱밥을 이용한 발효사료를 만들어 유기농업 활성화에 기여했다. 평창·영월 축협 대의원과 감사를 지내던 중 1990년도에 축협 조합장에 출마하여 놀랍게도 당선의 기쁨을 안게 되었고, 이 일로 인하여 종축개량협회 대의원 일도 맡게 되었다.

1992년 초대 도의원 선거에 출마하였다. 총 4명의 후보가 입후보하여 선전하였으나 아깝게 낙선의 아픔을 겪게 되었다. 1명을 뽑는데 3등을 하였다. 비록 선거에는 패배하였지만 결코 이 일로 좌절하지 않고 또 다시 축협 조합장 선거에 도전하였다.

하늘은 시련 뒤에 또 감당할 수 없는 기쁨과 기회를 허락한다고 하였듯이, 1994년에 또 축협 조합장에 무투표로 당선되었다. 우시장을 활성화 하고 소 입식을 장려하였다.

축협의 규모를 확장하는 일에 노심초사한 끝에 대관령지점, 대화지점, 봉평 지점을 개소하였으며, 예수금을 대폭 증대하여 예전의 모습에서 완전히 탈피하였다. 송아지를 일본으로 수출하는 길을 열었고, 쇠고기 품질인증을 획득하였다. 종부생축장을 활성화하고 서울 마천동에 한우판매장을 개설하였다. 직원들에게는 항상 서비스 정신을 강조하며 일깨우는 일에 나 자신이 몸소 실천궁행하였다.

나는 차를 타고 지나다가 버스 기다리는 사람을 보면 꼭 태워다 주었다. 길 잃은 고양이도 데려다 길렀고 지극히 하찮은 일이지만 참새의 집도 시간이 있을 때 만들어주었다. 나름대로 성당에도 열심히 나가며 신앙생활을 게으르게 하지 않는 한편, 농정의 정책과 관련하여서는 장관에게도 소신 발언을 서슴지 않았다. 늘 지역 업체를 우대해 주었고 새벽마다 축산 농가를 방문하여 안부를 묻고 애로사항을 청취하였다.

이 같은 열정적인 삶의 행적과 소외된 이들의 애로사항에 관심과 애정을 지니고 경청하는 나의 진지한 삶의 양상은 후일 민선의 평창군수를 뽑는 지방자치선거에서 누구도 예상하지 않았던 초등학교 출신 학력의 소유자를 놀랍게도 이변을 낳아 마침내 당선시키는데 큰 힘으로 작용되어 푸른 생명의 언어로 소통되어 '아름다운 동행'의 행복을 약속받는 결과를 안겨주게 되었다.

▲ 1993. 대관령목장에서 축협직원과 함께

제2부

미래의 땅
황금의 땅 평창군

평창군 축협 조합장

週刊 畜産經濟新聞

1990年 9月 24日 創刊

일선조합장에 듣는다

"조합장은 상머슴에 불과"

초지면적 5천5백*ha* 천혜의 자연경관 갖춰

金容郁

〈평창축협조합장〉

「축산업이 발전하려면 선진국처럼 정책적인 뒷받침이 뒤따라야 합니다. 일반농가들이 쉽게 축산분야에 뛰어들 수 없는 이유도 소값의 등락에 따른 위험부담률이 높다는 이유도 있지만 가장 큰 문제는 자금부담이 걸림돌이라 생각됩니다」

축산의 이론과 실무에 접목한 金容郁 평창축협조합장은 축산업이야말로 단기간에 승부를 내는 것이 아니라 최소한 3~4년동안은 꾸준한 투자를 계속해야 하는 사업으로 정부의 장기 저리자금지원이 꼭 필요한 것이라고 강조한다.

『평창지역은 초지면적이 5천5백*ha*로 강원도내 40%를 점유하고 있는 천연적인 혜택을 받고 있습니다. 따라서 5~6개월간 방목이 가능해 타지역 일반 축산농가보다 40% 가량의 생산비 절감효과를 볼 수 있는 유일한 지역입니다. 이와같이 천연적인 자연혜택을 받고 있는 평창은 정부에서 조금만 지원을 하더라도 축산업이 발전할 수 있는 여건을 갖추고 있습니다』

金조합장은 이러한 이점을 바탕으로 농림수산부등 관련부처를 수시로 방문, 본인의 계획과 가능성들을 여러번 확인했다.

『정부는 소값파동을 우려해 입식자금지원을 하고 있지 않습니다. 그러나 83~84년도와 같은 소값파동을 걱정하는 것은 기우에 불과합니다』

무공해 한육우생산… UR여파극복
정부 장기저리 자금지원 절대필요

金조합장은 현재 송아지생산량보다 도축량이 월등히 많은 실정이고 또한 한우육이 모자라 수입쇠고기의 반입이 늘고 있는 현실에서는 절대 소값파동은 없을 것이라고 장담하기도.

『그동안 조합서 1백20두의 한우를 사육해 2년동안 조합원들에게 송아지 1백20두를 시세보다 싼값에 분양했습니다. 이는 조합장으로 출마했을 당시 「한 조합원당 소 5마리 사육이 가능케 하겠다」는 공약사업이기도 하지만 평창지역에서 사육되는 한우육의 많은 최고급품으로 이미 인정을 받고 있어 소득은 보장된다고 생각합니다』

작년 道의원으로 출마, 낙선의 쓴 고배를 마신 金조합장을 놓고 許南九 전무는 『조합장이란 직함만으로 업무의 한계를 느꼈던 조합장께서 광역의원에 출마해 조합원들의 소득과 직결되는 축산분야의 입김을 높이려 했던 것이라며 「비록 낙선은 했더라도 책임자로서의 몫을 「다하겠다」는 의지에 직원 모두 동참하고 있다」고 밝힌다.

金조합장은 『이번에 농림수산부에서 전국적으로 한우개량단지를 조성해 강원도 지역에만 다른 지역보다 2배인 8백두를 배정했습니다. 따라서 평창에서 최소한 4백두를 배정받아야 합니다』

지난 90년 1월 민선조합장으로 부임한 金조합장은 89년 결산결과 50억원도 안되는 사업물량을 2년만에 6배인 3백여억원으로 끌어 올렸고 예수금도 1백여억원을 달성시켜 지도력을 인정받고 있다.

『조합장은 모든 정보에 대한 소식통이어야 합니다. 희생을 각오한 봉사만이 조합원들이 조합을 믿고 따르게 되며 직원들은 조합원들의 머슴이고 조합장은 상머슴이란」 金조합장의 경영철학에서 평창 한우육만큼은 UR과 무관하리란 생각이 든다.

〈陳在殷 기자〉

나는 태생적으로 가축을 좋아했던 것 같다.

어려서부터 농우소가 있었는데 꼴 베기를 하기 위해 동네 친구들과 뒷골로 소를 끌고 가 하루 종일 풀을 먹이기도 하던 일은 힘들다기보다는 아주 즐거운 일이었다.

살림을 나고 내 소를 갖게 되자 선들버덩에 소를 매어 놓았다가 돌아오는 길에 갑자기 날뛰는 바람에 다리를 다치게 되었고, 크게 걱정을 하며 고삐를 잡고 주저앉아 있는데 때마침 지나가던 지인이 집에까지 끌어다 주길래 나무지팡이를 만들어 겨우 집에 올 수 있었으며, 교사 시절 집에다 벌을 치며 꿀벌의 신비한 세계에 몰입하여 시간 가는 줄 모르기도 하였다.

안타까웠던 기억은 소에게 감자를 먹이다 놀랐던 기억이 있다. 통감자를 삼키다 목에 걸려 이러지도 저러지도 못하고 백방으로 노력하다 눈을 뒤집어쓰고 죽어가던 소를 안타까이 바라보던 그 기억이 지금껏 선연하다.

내가 본격적으로 축산을 하기 시작한 것은 1977년 가을 이었다.

일소로 한우를 키우는 영세 축산에서 젖소를 키우게 되어 우유와 고기를 일시에 얻을 수 있고, 보릿고개에 굶주린 국민들에게 당시만 해도 꿈만 같았던 우유와 고기를 배불리 먹이자는 취지에서 정책적으로 젖소 송아지를 수입하였는데, 젖소 송아지 5마리로 본격적인 축산을 시작하게 된 것이다.

이듬해에 또 다시 젖소 송아지 5마리를 구입하고, 소 욕심이 많은지라 한우도 여러 마리를 구입하여 횡계1리 마을 축사에서 키우게 되었다. 79년 2월 젖소 첫 새끼를 받던 기쁨과 젖을 짜서 우유 통에 실어 보내던 때의 감동은 여태껏 잊을 수가 없는 기억 중에 하나다.

77년도 횡계5리 마을에서 관리하던 초지 6만 평을 처남과 사면서 눈코 뜰 새 없는 바쁜 일들이 온몸을 힘들게 하였지만, 초지가 한 평 두 평 늘어나고 그림같이 아름다운 초원에서 풀을 뜯는 소떼들을 보노라면 세상 부러울 게 없는 황홀경에 빠져들곤 하였다.

목책을 치고, 잡초와 나무들은 베어내고, 건초를 만들고, 옥수수를 심어 엔실리지를 만드는 일은 모두 처음 하는 일이지만 매일 우유를 짜고 보름마다 유대가 나오고 젖소 송아지를 팔면 목돈이 생기는 재미가 쏠쏠하여 힘든 일 자체가 크나큰 즐거움이었다.

그러던 중 관동대 초지가 읍내 가까이 있어서 불하를 받게 되어 100여 평이나 되는 축사를 짓고 젖소를 옮기게 되었다. 산중에 축사방을 하나 달아 지어 생활하게 되자 아내가 무섭고 적적하다고 꺼려하였으나 축산을 제대로 하기 위해서는 달리 방법이 없어 이해해 주어 감사했다. 그러나 고랭지 채소 재배와 씨감자 농사, 낙농을 겸한다고 하는 것은 늘 고통이 따르며 쉬운 일이 아니어서 마음을 다지는 의미로 삭발을 하고 '참을 인'자를 새긴 반지를 끼우는 노력을 해 나가는 방법밖에 없었다.

80년대 초, 엄청난 소 값 하락으로 송아지 한 마리에 5,000

원을 받고 팔 때도 있었는데, '개 값보다 싸다'고 하여 동네 몇몇 분들이 모여 소추름을 할 수 있을 정도여서 어려움은 가중 되었으나 나의 소사랑과 열정을 멈추게 할 수는 없었다. 다행히 몇 년 후 우유 값이 안정되고, 소 값도 회복되었으니 '고진감래라는 고사성어가 괜히 생긴 것은 아니구나.' 라는 생각이 들었다.

축산을 열심히 하다 보니 축협의 대의원이 되었고, 좋은 건의를 열심히 하다 보니 축협 감사에 선임되어, 내친김에 조합장의 꿈을 꾸게 되었다.

조합장에 출마하게 되자 그동안 남다른 축산업에 대한 열정을 인정받고 농업·농촌 발전을 위해 유기농업환경연구회 평창군 회장을 역임하면서 발효사료 등을 직접 둘째와 만들어 드리는 등의 노력을 경주 해 나가자 여기저기서 좋은 평가가 나오게 되었다.

당시만 하여도 평창·영월 축협이었기 때문에 영월에 선거운동을 가기도 하였는데, 조합원 중에 돈을 요구하여 '나는 떨어지면 떨어졌지 돈으로 표를 살 수는 없다'고 하면서 소나기재를 넘어 오기도 하였다.

많은 분들의 협조 속에 1990년 1월 6일 조합장 선거에서 당선되는 영광을 누리게 되는데, 소를 좋아하는 내가 축협 조합장이 되자 물고기가 물을 만난 듯 신명나게 조합 일을 해 나가게 되었다.

먼저 신용사업 활성화를 위해 직원들의 서비스 자세를 강조하여 가장 친절한 사무실 분위기를 만들었으며, 침체되어 있던 사업을 활성화시키기 위하여 외부 자금을 끌어 오는데 최선을 다하여 돈을 가지고 있다고 하면 어디든 달려가 예금 유치를 해 왔고, 누구든 대출을 받으러 오면 가능한 방법을 찾아 해결해 드렸으며, 특히나 소를 키운다고 하면 적극적으로 지원을 해 드리자 사업은 활기를 띄기 시작하였다.

富産新報

"송아지 입식자금 확대 지원 절실"

평창축산업협동조합

◇김용옥조합장은 어디서건 한우사육을 강조한다.

◇평창지역 양축농민들이 천혜의 자연조건을 최대한 활용하며 소득을 높일 수 있는 길은 한우사육 뿐이다.

천혜의 자연조건 불구 한우사육은 9천두 불과

평창지역, 소 사육외에 선택의 여지 없어 … 판로개척에 주력

韓牛肉 소비기반 다지면서 생산기반 확충 긴요

現場

199?年 9月 28日 創刊

우시장을 활성화시키기 위하여 진부 장을 장평 우시장에 통합시키면서 매 우시장에 나가 막걸리를 사고, 우상들을 끌어 들여 국밥을 대접하기도 하자 활성화되기 시작하였다.

혹시 매매가 안 되는 소가 있으면 흥정도 서슴지 않았고, 정 안 팔리는 소가 있으면 조합에서 수매를 하자, 많은 조합원님들이 좋아 하셨다.

사업 확장을 위하고, 지역적 특성을 감안하여 도암 지소를

1991年12月2日 (月曜日)

農水畜産新聞

내년 육가공장 건설착수

평창畜協, 지역특화사업 추진

68억투입 양질육류 가공판매

대도시 백화점등 공급도검토

인터뷰

김용욱 조합장

개설하며, 봉평 지점을 신설하였다. 장소가 좁고 여건이 맞지 않다며 허가를 내주지 않는 대화지점 개소를 위해 가능한 모든 방법을 동원하여 추진해 나가자, 많은 분들이 너무 사업을 벌리다 잘못되지 않나 걱정을 하기도 하였지만, 하는 일마다 잘 풀린 것은 조합원님들의 무한 신뢰와 사랑 때문이었다고 생각해 본다.

당시 종부 생축 장에는 육우를 사육하고 있었는데, 축협에서는 한우를 키워야 한다고 주장하여 한우로 전환시켰고, 대규모 축사를 신설하여 본격적으로 조합에서 소를 키우기 시작하였다.

또한 이목정에 있는 휴게소에 정육점을 개설하여 소를 적극적으로 팔기 시작하자 전 직원이 동참을 하게 되었는데, 어느 직원이 '직원들 모두를 백정으로 만들려 한다.'며 농담 삼아 항의를 하기도 하였으나, 모두가 한마음으로 명절 때마다 신명나게 한우를 팔게 되었다.

영월 덕포리에는 마을 분들 모두에게 소를 다섯 마리씩 입식을 시켜 지금도 많은 소가 자라고 있고, 다행히 소값이 안정되어 큰 소득을 올릴 수 있었다고 지금껏 얘기하는 분들도 있다.

소를 끌고 서울 한복판에 가서 특판장을 여는가 하면, 보다 적극적으로 평창 대관령한우를 팔기 위하여 서울 마천동에 직매장을 열던 때의 감격도 잊을 수가 없다.

버스 몇 대로 조합원님들을 모시고 가서 개점식을 하자, 불티나게 쇠고기가 팔리기 시작하는데, 하늘이 도우심인지 하는 일마다 성공적으로 진행되어 참으로 감사하였다.

또한 조합원님들의 화합을 위하여 매년 전 이용대회를 개최하였는데 많은 분들이 참석하여 사료 포지기, 밭 갈기, 꼴

유통구조개선통해 소득 보장

평창축협

탐방

작년 사업목표 초과달성

지역특화사업 3억 지원

◇유통구조개선을 통해 조합원의 권익증대에 최선을 다하겠다는 김용욱조합장(사진원내).

베기 등 기량을 겨루었으며, 산더미처럼 경품을 쌓아 놓고 한마당 축산인 잔치를 벌였던 일들도 주마등처럼 지나간다.

이렇듯 신명나게 조합장 역을 해 나가자 축협과 대관령한우 홍보가 대대적으로 되어 '6시 내 고향' 등 전국 언론의 집중 조명을 받게 되었고, 소값 하락으로 신음하고 계시는 조합원님들의 판로를 열고자 까다롭기 그지없다는 일본으로 한우 송아지를 수출할 수 있었던 것은 큰 보람으로 생각하고 있다.

국내최초 쇠고기 품질 인증을 받을 수 있었던 것도 임직원 모두가 혼연일체가 되어 노력해 준 덕분이고, 계열화 사업을 시작했던 일도 어찌 보면 필연적인 일로 생각되어 진다. UR 협상 때는 한국 축산인 대표로 제네바에 가서 부당성과 폐해를 강력히 주장하기도 하였다.

쇠고기 유통질서 확립 앞장

인터뷰

서울에 한우육직판장 개설
평창축협 金용욱 조합장

"직판장 계속 확대해 나갈 터"

소비자 생산현장 견학…신뢰도 제고

평창한우 성가 높이는데 주력

『한우사육농가는 만성적인 가격불안정과 수입쇠고기의 저가공세에 시달리고 있습니다. 이같은 장애를 정부나 생산자단체가 해소하지 못하면 한우농가가 발붙일 곳은 어디에도 없습니다』

최근 서울에「평창대관령 한우고기」라는 간판을 내걸고 한우판매장을 개설한 평창축협의 김용욱조합장은 한우농가를 살리기 위해서는 정부와 생산자단체가 발벗고 나서야 한다고 강조했다.

쇠고기에 질린 불신을 갖고 있는 소비자들이 안심하고 구입할 수 있도록 하는 것이야말로「한우살리기」의 첫걸음이라는 소신아래 고속도로 휴게소에도 판매장을 낸바 있는 김조합장은 생산자단체의 한우전문점을 보다 확대해야 할 것이라고 말했다.

『정부는 쇠고기 유통질서를 바로잡기 위해 생산자단체의 판매장 설치를 적극 지원해야 할 것입니다. 생산자단체의 유통기능을 보강시켜 쇠고기유통을 선도하도록 돼야 합니다』

김조합장은 이같은 맥락에서 판매장을 계속 확대해 나갈 것임을 거듭 강조하면서 평창한우의 성가를 높여 나가는데 총력을 기울이겠다고 다짐했다.

김조합장은 평창한우는 어디에 내놓아도 최상의 품질을 인정받을 수 있다고 말했다.

『산좋고 물좋은 곳에서 생산된 쇠고기라는 것을 소비자들에게 인식시켜 나갈 생각입니다. 긴시간이 걸린다 하더라도 평창하면 쇠고기라는 이미지를 떠올리도록 할 것입니다』

김조합장은 이를 위해 서울판매장을 찾는 고객들을 대상으로 평창한우고기의 생산현장을 견학시킨다는 계획도 갖고 있다. 소비자들에게 생산현장을 직접 보여줌으로써 품질에 대한 신뢰도를 높이기 위해서라고 밝혔다.

김조합장은 서울판매장을 개장하는 자리에서 소값이 떨어지더라도 계약생산농가에는 생체 ㎏당 5천원선은 반드시 보장하겠다고 약속했다. 또 평창지역을 국내 최고의 고급육생산기지화 하겠다는 약속도 잊지 않았다.

이효석의「메밀꽃 필 무렵」이 평창의 자랑거리이듯 한우도 그에 못지 않은 자랑거리로 내세울 날이 멀지 않았다는게 김조합장의 변함없는 소신이다. 〈相〉

"양축농민고충 피부로 확인하죠"

——현장누비는 평창축협 김용욱 조합장

새벽 우시장나가 애로사항 수집 사업반영

조합원 "해결사"별명붙은 발로뛰는 조합장

◇김용욱 조합장

전국에서 축산여건이 가장 좋아 대규모 한우목장은 물론 2000년대 축산군으로서 가장 적합한 지역 평창군」광활한 초지와 풍부한 조사료, 축산을 하기에 가장 적합한 기후, 바로 이곳에 평창축산업협동조합이 자리하고 있다.

바로 이 평창축협 김용욱조합장은 전조합원이 조합사업에 참여할수 있도록 임원·조합·조합원·직원간의 정례회합을 충실히 수행, 문제없는 조합으로 육성시켜왔다.

『인근 상원사, 월정사 등 지역주민의 잠자고 있는 자금을 저희 조합으로 유치시켜 양축농민이 필요할때 자금지원을 해주는 것이 조합장의 할일이라고 생각합니다』

양축농민들의 해결사라는 닉네임이 붙어있는 김조합장은 이같이 말하고 이지역에 축산업을 정착시켜 판매장으로 육성, 평균소득을 높여 농가당 평균부채를 없애주는 일에 최선을 다하고 있다고 말한다.

『저는 장이서는 날이면 5시경 우시장에 나갑니다. 조합장으로서 양축농민의 애로사항과 고민 그리고 애환을 같이 나누는 것이지요. 조합에 대한 건의사항을 현장에서 체험으로 대화를 하고 소가 필요한 조합원에게는 우선 소를 사서 [illegible]보급니다. 조합원과 양축농민은 소만 잘 키워주면 되는 것이지요. 그러기 위해서 조합에서는 그들이 키운 소를 제값에 수매해서 대도시 소비자에게 우리가 직접 판매함으로써 유통구조개선및 축산농가격 안정을 이룰수가 있는 겁니다』

이같이 말한 김조합장은 현재 평창관내 2개의 개량단지에서 8백여두의 기초등록우를 보유하고 있으며 발왕면 조합에서 생축사업으로 현재 5백여두를 위탁사육하고 있는데 워낙 평창한우고기의 인기가 높아 수요를 미처 대지 못하고 있는 실정이라 금년에 약 7천여만원을 들여 생축장 개보수를 하고 일부 신축도 해서 1천두 규모로 확대사육할 방침이라고 계획을 밝힌다.

『앞으로 날로 까다로워지는 축산배설물에 대한 환경문제도 톱밥발효우사화와 유기질퇴비화해서 진부 대관령지역 고랭지 채소 재배농민에게 공급해줘 유기농업도 병행한다면 정말 살맛나는 동네가 될겁니다』

내년 1월초 봉평지소를 개점하고 2천2백여명의 조합원과 50여명의 임직원이 혼연일체되어 일한다면 이곳 평창지역은 관광축산과 레저산업, 무공해 채소등 전국 제일가는 부농은 멀지않아 온다며 김조합장은 여념없다.

현재 평창축협은 서울 마천동에 축산물판매장과 이목장에서 평창한우고기를 판매하고 진부·대화·봉평에 지소를 두고 있으며 내년 1월에 봉평지소를 개설하게 되면 면온지역의 보광피닉스파크레저타운이 건설됨과 동시에 지역관광객의 평창한우고기 우수함을 한번더 알리게 될 것으로 기대를 모은다. 〈평창=池錫根기자〉

▲ 1993. 스위스 제네바. LIR 제재 대표활동 시

이러한 노력 덕분인지 1994년 조합장 선거는 무투표로 당선되는 영광을 조합원님들께서 돌려주었고 내가 살아오면서 조합원님들과 임직원 분들과 함께 했던 소중한 시간과 인연들은 일평생 잊지 못할 값진 추억으로 깊이 내 가슴에 남아 있다.

민선 초대 평창군수

1995년 7월 1일. 나는 자랑스럽게도 군민들의 열렬한 환호와 뜨거운 지지를 받으며 민선 초대 평창군수로 취임하였다. 원래 야당 성향이었지만 이곳은 여당 성향이 강한 지역이라 공천을 받는 것보다는 무소속으로 나가는 것이 유리할 것으로 생각되었고, 기적적으로 나의 예상은 과녁을 향해 날아간 화살처럼 적중하였다. '고진감래'라는 말처럼 도의원 선거에서의 낙선이 많은 도움이 되었다.

평소 나의 지론처럼 '고통을 통해 얻어진 것은 진실로 복되고 더없이 가치가 있듯이' 눈물 묻은 빵을 씹으며 체득한 것은 눈물겹게도 좋은 결과를 안겨주었다. 물론 유권자의 소중한 말과 기대를 저버리지 않고 현장의 작은 목소리에도 귀를 기울이며 주민의 처지에서 생각하고 더욱 열심히 뛰는 계기가 마침내 충격적으로 감동을 안겨준 결과라고 일말의 주저도 없이 확신하고 싶다.

▲ 1998. 군수선거화보

축협 조합장에 무투표 당선된 이후, 울분을 머금고 오늘을 기다리며 올곧게 역풍 속을 말없이 '더불어 함께(inter-being)'라는 공동체 인식의 소중함을 몇 번인가 주저함이 없이 부단히 인식하며 달려온 것이 이처럼 좋은 결과, 행복한 순간을 안겨주게 된 것이다.

여당인 민자당 후보를 비롯하여 두 명의 무소속 후보가 경합을 벌였다. 평창군 선거구의 선거인 수 35,030명이었다. 총 투표자수는 26,879명으로 기호 2번을 단 나는 10,562표를 얻어 여당 후보인 기호 1번 전찬수(민자당) 후보가 득표한 7,492표보다 무려 4천여 표를 앞서며 마침내 뜨거운 지지 속에 당선되었다. 기호 3번 한영일(무소속) 후보는 7,962표를 획득하였다.

평창군수에 취임한 나는 그 동안 공약해 왔던 일들을 거침없이 실행에 옮겼다. 1996년 1월 신년사를 통해 공무원은 모든 업무를 군민의 머슴으로 최선을 다하도록 지시하였으며 만일 잘못하면 불이익을 감수하여야 한다고 설득력 있게 논리적으로 주지시켰다. 군민들에 대한 첫 번째 공약 실천사항으로 종합민원실을 지었다.

건평 320평에 전담 공무원 65명을 배치하여 모든 민원을 신속하게 처리하도록 하였다. 군청 산하 1실 14과와 8개 읍면에서 처리할 업무를 종합민원실에서 처리하도록 하였다. 주민에게 다가가는 종합민원처리시스템은 1997년도 기초단체 종합평가에서 공무원 친절도 3위를 차지하였으며, 1998년도에는 95점을 받아 기초광역을 포함하여 258개 자치단체에서 공무원 친절 1위를 차지하기에 이르렀다.

우리 집을 신축하기 위해 허가 받는데 9일이나 걸렸던 경험을 생각하며 공무원은 모름지기 군민의 머슴이 되어야 한다는 머슴 론을 실천에 옮긴 것이다. 아울러 공무원들의 기강 확립에 앞장섰다. 태만하다고 생각되는 간부 공무원을 직위해제 하고 부실공사와의 전쟁을 선포하였다. 사무관 3명을 직위해제하고 언론 기자실을 폐쇄하였다.

한꺼번에 몰아닥친 쇄신의 바람에 공무원들이 다소 동요하기 시작하였다. 그러나 나는 평소의 소신대로 공명정대하고 철저하게 이해에 결부됨이 없이 행정력을 동원하여 강력하게 추진하였다. 한편으로는 뜻하지 않은 감자 풍년으로 감자 값이 턱없이 하락한 관계로 이를 해결하고자 온갖 노력을 경주하였다.

▲ 1997. 군정활동 – 농민과 함께

“맑고 깨끗한 샘물 수돗물로 사용”

- 김용욱(평창군수) 인터뷰
- 평창읍 후평리 지하 5미터에서 총사용 수돗물 2배량의 샘물발견

[내년 5월 맑고 깨끗한 샘물 수돗물로 사용할 강원도 평창군]

● 앵커: 수돗물도 못 미더워 물을 사서 먹는 가정이 늘고 있는 요즘, 맑고 깨끗한 샘물을 수돗물로 공급하는 곳이 있습니다.

바로 강원도 평창입니다.

● 기자: 평창강이 두 갈래로 갈라지는 평창읍 후평리입니다. 지난해 주민들은 강 한가운데인 이곳 지하 5미터에서 맑고 깨끗한 샘물이 솟아나는 것을 발견했습니다.

물맛이 좋고 수돗물보다 수질이 훨씬 나은 것으로 알려지면서 인근 주민들은 수돗물 대신 이 샘물을 먹기 시작했습니다.

이 샘물은 장마철에도 수질이 변하지 않고 갈수기에도 양이 줄어들지 않습니다.

여기서 솟아나는 샘물은 하루 4천여 톤, 평창읍 전체의 만여 명의 주민들이 사용하는 수돗물의 2배가 넘습니다.

평창군은 이 맑고 깨끗한 샘물만을 각 가정에 공급하기 위해서 기존의 상수도 취수장을 이전하는 공사에 들어갔습니다.

● 김용욱 평창군수: 우리 평창읍 만 천 명이라는 읍민에게 대한민국에서 제일 좋은 지표수 아닌 지하수, 샘물을 공급하게 돼서 대단히 기쁩니다.

● 기자: 평창군은 내년 5월까지 상수도 취수장을 이곳으로 옮겨 평창읍내 전 지역에 이 샘물만을 공급할 예정입니다. 평창에서 MBC뉴스, 이종성입니다.

[의료봉사단] 26일 평창서 첫 봉사

오대산 기슭에 인술仁術이 꽃 핀다.

스포츠조선이 창간 8주년 기념사업으로 한국방송연기자협회와 공동으로 발족한 '의료자원봉사단'(후원 한국마사회)이 26일 강원도 평창군에서 첫 번째 봉사활동을 펼친다.

인구 4만8천여 명의 평창군은 해발 1천 563m의 오대산을 비롯해 가리왕산, 발왕산, 황병산 등에 둘러싸인 산골마을. 용평스키장과 보광피닉스파크 등 위락시설이 있지만 주민 대다수는 고랭지 농업 등으로 생활을 꾸리며 넉넉하지 못한 삶을 살고 있다. 특히 의료시설은 절대적으로 부족한 실정.

보건소가 군내에서 가장 큰 의료시설이고 의원급 병원도 10여 개에 불과해 주민들은 환자가 생기면 원주나 강릉 등 가까운 도시의 큰 병원을 찾아야 하는 형편이다.

이 같은 상황에서 안과, 피부과, 외과, 치과, 성형외과, 소아과, 신경통증클리닉 등 양방洋方과 한방韓方의 협진체제를 이룬 '움직이는 종합병원'인 의료자원봉사단이 현지로 가는 것이다.

또 TV에서만 보았던 서인석, 강부자, 여운계, 현석, 길용우, 옥소리, 양금석, 염정아, 도지원 등 인기 탤런트와 이영자, 정선희, 홍진경 등 코메디언 20여 명이 비닐하우스에서 방울토마토를 따고, 간호보조원으로 봉사활동을 하는 한편 즉석사인회 등을 갖는다.

의료자원봉사단은 특히 이번 봉사활동 때 TV 2대, 자전거 5대, 소년소녀가장을 위한 운동화 50족, 노인을 위한 게이트볼 1세트, 세제류 등 500만 원어치 물품을 전달할 계획이다.

또 (주)클리오는 성인용과 어린이용 칫솔 200만 원어치를 선사하며 올바른 칫솔 사용법을 설명하고, 박정현 변호사는 무료법률상담도 한다.

봉사단은 특히 수술을 받아야 할 평창군민 가운데 2명을 서울로 초청, 무료로 수술시켜줄 예정이다.

봉사단을 맞을 김용욱 평창군수는 "군내 유선방송국에서는 안내방송을 수시로 방영하고 있어 이미 축제 분위기이며, 군청에서는 환자용 버스를 운행할 계획"이라고 말했다.

이번 봉사활동에 참가하는 의료진은 다음과 같다.

▲ 정인선(정인선성형외과 원장) ▲ 김광철(현대외과 원장) ▲ 지혜구(이지함피부과 원장) ▲ 최우정(서울안과 원장) ▲ 박재석(미프로치과 원장) ▲ 김성모(연세신경통증클리닉 원

장) ▲ 김윤택(김윤택소아과 원장) ▲ 권혁호(수원 권혁호내과 원장) ▲ 신성구(메리디안한의원 원장) ▲ 노상룡(명인한의원 원장)

[김승우 기자]

한우 수송아지 일본에 가다

평창군과 평창축협은 일본의 마쯔바라 주식회사와 생후 4개월 정도의 수송아지 2백두를 수출하기로 계약하고 오는 29일에 1차분을 선적할 예정이다.

가격은 23만 3천엔(한화 1백72만4천원)으로, 물량과 구체적인 수출 업무는 축협이 맡기로 했다. 한우송아지의 일본 수출이 가능할 수 있었던 것은 지난해부터 일본을 3차례나 방문하면서 노력한 김용욱 평창군수의 공로 때문이다.

김 군수는 이번 수출을 한우 가격의 침체로 시름에 빠져있는 농가들에게는 희망을 주고 정부의 송아지 값 대책에도 도움이 될 것이며 우리 한우의 일본시장진출 교두보를 확보하는 것이라고 의미를 부여했다.

김 군수는 "아직은 처음하는 수출이라 경쟁력이 낮은 것이 사실이지만 정부가 적절한 수출장려금을 지원해주면 머지않아 경쟁력이 강화될 것이다"며 농축산물의 수출을 위해서는 정부와 지방자치단체, 생산자단체가 합심해 나가야 한다고 강조했다. <백종운 기자> 발행일 : 97년 11월 24일

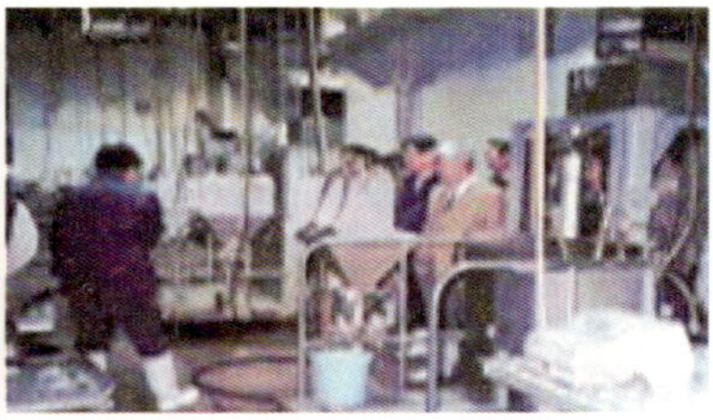

- 수출처 : 일본 마쯔바라 식육하수 주식회사
- 두 수 : 800두

• 금　액 : 두당 1,600,000원
• 선적항 : 동해항 팔레나호
• 도착항 : 오사카, 나고야
• 기　간 : 1997년~1999년

▲ 1998. 군정활동 - 6시 내고향 촬영시

지역 농특산물 세일즈맨 된 김용욱 평창군수

한 군수의 적극적인 노력이 군 전체 약초재배농가들의 판로를 확실하게 열었다. 화제의 주인공은 강원도 평창군의 김용욱 군수.

김 군수는 지난달 23일 광동제약 본사를 방문, 최수부 광동제약회장과 금년부터 평창군에서 생산되는 약초를 전량 계약재배를 통해 직거래하기로 합의했다.

이날 기본 합의를 바탕으로 계약 재배할 약초의 종류와 물량 단가는 추후에 약초재배농가들과 협의 결정키로 했다고 한다.

이처럼 계약재배가 실시되면 약초과잉생산과 중국산 약초수입에 따른 가격폭락을 방지할 수 있어 농민들은 안정적인 소득확보가 가능해진다는 것.

평창군에는 현재 당귀 5백45ha, 천궁 66ha, 황기 16ha, 강활

30ha를 비롯해 모두 6백75ha에서 약초를 재배해 연간 1천8백 20톤을 생산하고 있으나 약초시장 경기침체와 중국산 약초수입 등으로 가격이 폭락해 농가들이 큰 어려움을 겪어왔다.

김 군수는 "평창군과 광동제약의 약초계약재배 및 직거래 합의에 따라 직거래가 이루어지면 고랭지를 중심으로 형성돼 있는 약초재배농가들의 소득증대에 많은 도움이 될 것"이라고 전망했다. <평창=백종운 기자>

▲ 1998. 군정활동 - 농촌일손돕기

기호2번 김용욱 후보 선거운동의 기본방향

현재 김용욱 후보는 그간의 강성의 이미지에서 추진력이 강한 사람으로 불안정의 모습에서 보다 차분한 모습으로 권위적인 타 후보에 비해 상당히 친근감 있고 소탈한 후보자로서 열심히 움직이고 부지런한 후보로서 이미지를 형성하고 있는 것으로 판단된다.

이와 같은 분위기가 지속적으로 유지되었으면 한다. 다만 우려되고 불안정한 것은

1) 선거활동에 따른 시비와 타 후보의 비난 이용 우려
2) 무소속 후보에 대한 군수역할의 부당성 제기(민자당)
3) 후보자의 흥분과 감정으로 인한 돌발 언행의 불안요소
4) 개인연설과 합동연설에 대한 준비
5) 인기상승에 따른 양 후보의 비난성 유언비어와 집중공략
6) 지지도 1위 유지에 따른 여권의 불법선거운동 감시와 문제 제기

등의 문제들을 염두하고 신중하고 차분한 선거운동이 되도록 해야 하는 것으로 사료된다.

따라서 선거운동기간을 전반기(14일~17일), 중반기(18일~21일), 종반기(22일~24일), 마무리(25일~26일) 단계로 나누어 볼 수 있다.

전반기에는 장날 및 8개 읍면 시내 개인연설회 등 주요 유권자 만나기 등으로 선거운동에 기반을 확고히 하고 합동연설회 대비에 많은 비중을 두어야 할 것이다. 중반기에는 8개 읍면 개인연설 순회 1회(시내 및 외곽지역)로 각 지역 공약 및 후보자의 소신과 모습 축협성장의 구체적 사례 등을 알릴 필요가 있으며, 종반기는 8개 읍면 개인연설 순회 1-2회로 후보자의 비전과 축협성장의 사례 등과 김용욱 후보 선택의 필요성과 당위성을 강조하며, 무엇보다 중요한 것은 구석구석 매일매일 지역을 순회하고 열심히 하는 모습을 유권자들에게 강하게 어필 할 필요가 있다.

마무리 단계로 25일과 26일에는 선거운동원 자원봉사자 지지자 등이 총결집한 소형홍보물 배포 및 8개 읍면 시가지 순회홍보를 실시함으로써 마지막 승기를 굳혀가는 데 역점을 두었으면 한다.

특히 후보자는 선거기간동안 유권자의 부름이나 운동원의 요청에 의해 선거운동의 시간을 빼앗기기보다는 후보자의 계획과 활동에 따라 선거운동이 될 수 있도록 하면 좋을 것이다.

<축산신문. 1993年 5月 31日>

김용욱후보 선거운동방향

현재 김용욱후보는 그간의 강성의 이미지에서 추진력이 강한사람으로 불안정의 모습에서 보다 차분한 모습으로 권위적인 타후보에 비해 상당히 친근감있고 소탈한 후보자로서 열심히 움직이고 부지런한 후보로서 이미지를 형성하고있는 것으로 판단된다.

이와같은 분위기를 지속적으로 계속 유지되었으면 한다. 다만 우려되고 불안정한것은

1. 선거활동에따른 시비와 타후보의 비난이용 우려
2. 무소속후보에대한 군수역할의 부당성제기 (민자당)
3. 후보자의 흥분과 감정으로인한 돌발언행의 불안요소
4. 개인연설과 합동연설에대한 준비
5. 인기상승에따른 양후보의 비난성 유언비어와 집중공략
6. 지지도 1위 유지에따른 여권의 불법선거운동 감시와 문제 제기

등등의 문제들을 염두하고 신중하고 차분한 선거운동이되도록 해야하는 것으로 사료된다.

따라서 선거운동기간을 전반기(14일.15일.16일.17일) 중반기(18일.19일. 20일.21일) 종반기(22일.23일.24일) 마무리(25일.26일) 단계로 나누어 볼 수 있다.

전반기에는 장날및 8개읍면 시내 개인연설회등 주요 유권자 만나기등으로 선거운동에 기반굳임을 확고히하고 합동연설회 대비하는 것에 많은 비중을 두어야 할 것이다.

중반기에는 8개읍면 개인연설 순회 1회(시내및 외각지역)로 각지역 공약및 후보자의 소신과 모습 축협성장의 구체적사례등을 알릴 필요가 있으며, 종반기는 8개읍면 개인연설 순회 1-2회로 후보자의 비젼과 축협성장의 사례등과 김용욱후보 선택의 필요성과 당위성을 강조하며, 무엇보다 중요한 것은 구석구석 매일 매일 지역을 순회하고 열심히 열심히 하는 모습을 유권자들에 강하게 어필 할 필요가 있다.

마무리 단계로 25일 26일에는 선거운도원 자원봉사자 지지자등이 총결집한 소형홍보물 베포및 8개읍면 시가지 순회홍보를 실시함으로써 마지막 승제를 굳혀가는데 역점을 두었으면 한다.

구체적 선거 대책

남은 기간 동안에는 살아온 생활과 소신, 축협의 엄청난 성장과 발전, 소신과 뚝심 있는 사람, 평창군을 새롭게 바뀌게 할 군수, 그리고 결론적으로 엄청난 추진력을 행사할 것이라는 후보자 이미지 구축을 할 수 있도록 했으면 좋을 것으로 사료된다.

[도암면 특별대책]

선거중반부터 김용욱 후보의 인기를 확산시키고 지역 내 득표활동을 최대한 높이기 위해서는 무엇보다 도암면의 분위기와 열기가 확산되어야 한다.

60대, 50대, 40대 별로 중심인물을 도암 대책본부요원으로 위임하여 도암면에 대한 분위기를 더욱 확산될 수 있도록 매일 저녁 모일 수 있는 기회를 부여하여 후보자와 선거관련 활동에 접근이 용이하도록 해야 한다.

[개인연설회]

1. 김용욱 후보의 강성이미지는 강한 추진력으로 발전되어가는 상황에 따라 계속적으로 조용하고 차분한 연설을 주도하면서 소신과 미래각오 등에는 특유의 강직함을 보여줄 필요가 있다.
2. 지역순회 연설에 있어 지역마다 구석구석을 순회하는 것을 원칙으로 하며, 지역 명을 자주 거론하여 친근감을 유도하고 지역특색과 여건에 맞는 구체적 공약을 개발하여 집중적으로 연설한다.
3. 연설 끝마무리에는 지역의 문제와 후보자에게 묻는 질의응답을 유도하여 최대한 지역주민의 실정을 듣고 함께 토론하는 자리를 만들어 가도록 한다.
4. 연설 후 유권자들과 악수와 정담을 나누는 것으로 이웃 같은 분위기를 연출하고 늘 평범하고 소탈한 사람임을 보여줄 필요가 있다.
5. 김용욱 후보는 열심히 다닌다는 소리를 들을 수 있도록 곳곳을 누빌 수 있게 한다.

[합동연설회]

김용욱 후보가 합동연설회서 구축해야 할 이미지는

1) 강성이미지와 불안정 요소를 불식시켜야 하며,
2) 개인 성장 배경과 소신 배경을 감성적으로 표현할 수 있도록 하여 새로운 감각을 유권자에게 보여줄 수 있고

3) 조합 성장의 실적과 얽힌 사연들을 편안하게 전달하여 엄청난 추진력과 뚝심의 모습을 나타내고
4) 공약의 참신성과 개발 비전을 명확히 제공함으로써 유권자들의 기대와 호기심을 반향 시키며,
5) 짜임새 있는 내용과 체계적인 논리로 행정능력을 상기시켜가면서
6) 음성의 높낮이, 감정의 강약, 패기와 박력으로 시원한 이미지를 구축할 수 있도록 한다.

결론적으로 합동연설회장을 떠나는 유권자들에게 "얘기 들어보니 김용욱이 대단한 사람이야 축협 발전한 것 보니", "참 엄청나군.", "얘기 들어보니 그냥 된 게 아니구먼.", "말하는 게 솔직하고 박력 있어", "김용욱 같은 사람이 군수가 되면 달라질 거야"라는 결론이 확산 될 수 있도록 연설문을 작성하고 사전준비에 만전을 기하도록 한다.

[합동연설회]

1. 최근 몇 년 사이 평창군 인구가 급감하고 있다. 주민들이 정주의식을 가질 수 있는 방안은?

답) 크게 3가지로 할 수 있다.

1) 농촌의 현안 문제로서는 가장 큰 이유가 농 · 축산물을 제값을 받지 못하는데 이유가 있다. 이 지역에서 생산되는 모든 농 · 축산물을 도시근교 교통요지 상설 농 · 축산물 판매장 및 도시인들이 안전하고 믿을 수 있는 제품으로 생산하여 공급

할 수 있도록 하여야 하며 그러기 위해서는 자연농업(유기농업)으로 바뀌어야 한다.

2) 자녀들의 교육문제로써 지금까지 잘해왔지만 관계기관과 협조하여 지금보다 나은 교육 개선방안 계획을 수립하여 자녀교육에 많은 보탬이 되도록 노력하겠다.

3) 주민의 소득문제로써 예를 들어 말하자면 군내 경치 좋은 곳을 선정하여 그 곳 여건에 맞는 전원 농장을 개발하고 도시인으로부터 많은 이용을 유도하여 소득은 물론 그 지역 발전에 보탬이 되게 하겠다.

2. 고속도로를 중심으로 평창 이남지역은 행정중심, 평창 이북지역은 관광개발 중심으로 불균형을 이루고 있다. 지역의 균형적인 발전방안은?

답) 남북의 격차란 각 읍면마다 특색을 갖고 있으므로 그 특색사업을 개발하면 별 문제가 없다고 본다.
평창의 경우 중부 삼방산 기슭을 개발하되 일반 여건에 맞는 종합 휴양지를 건설하겠다.

3. 평창군이 발전하기 위해서는 각종 관광레저시설을 유치해야 하지만 자연보전에 대한 대책은 미흡하다. 개발과 보존에 대한 의견을 제시해 달라.

답) 사실상 타군에 비해 좋은 여건이 상당히 산재해 있다. 하지만 그 지역에 맞는 관광 레저 시설을 개발하여야 하기 때문에 보존할 곳은 완벽하게 보존하고 개발할 곳은 개발하여 환경 보전과 개발의 조화를 완벽하게 이루어야 한다.

4. 민선 군수에 당선되면 3년 임기동안 어떠한 자세와 방향으로 군정을 이끌어 나가겠는가?

답) 전체 지역 특성으로 보아 농촌은 안정된 농・축산물을 자신 있게 공급할 수 있는 판매 전략과 지역특성에 맞는 품종을 재배하여 수요자와 공급자와의 원활한 거래가 이루어지도록 하면 가장 높은 소득을 올릴 수 있으며 농공단지에 침체된 여건을 보완하여 농산물 가공공장으로 유도하여 주민의 소득증대에 기여하여 하루하루 나아지는 농촌으로 자신 있게 이끌어 나가겠다.

평창군수 후보 초청 토론회 질의서

일　　시 : 1995. 6. 15. 오후 3시
장　　소 : 농협군지부 대회의실
주　　최 : 강원일보사, 평창 JC
사　　회 : 김명환(상지대 교수)
질 문 자 : 이영태(평창 JC 회장)
김희철(종부교회 목사)
황만진(강원일보 기자)

- 질문자(이영태) -

1. 최근 몇 년 사이 평창군 인구가 급감하고 있다. 주민들이 정주의식을 가질 수 있는 방안은?
2. 고속도로를 중심으로 평창 이남지역은 행정중심, 평창 이북지역은 관광개발 중심으로 불균형을 이루고 있다. 지역

의 균형적인 발전방안은?

3. 평창군이 발전하기 위해서는 각종 관광레저시설을 유치해야 하지만 자연보전에 대한 대책은 미흡하다. 개발과 보존에 대한 의견을 제시해 달라.
4. 민선 군수에 당선되면 3년 임기동안 어떠한 자세와 방향으로 군정을 이끌어 나가겠는가?

- 질문자(김희철) -

1. 세 후보들은 정직한 삶을 살고 있다고 생각하는가? 그리고 좌우명은 무엇인가?
2. 민선 군수가 되면 관용차를 티코, 프라이드 등 소형차로 대체할 용의는 있는가?
3. 개인 질의 (후보자들 재산공개에 관하여?)

- 질문자(황만진) -

1. 민선 군수는 중소기업의 창업자 정신을 갖고 있어야 된다고들 한다. 각 후보자들은 군의 발전을 위해서 사업가로 변모할 용의가 있는가?
2. 후보자들이 생각하는 군의 가장 중요한 현안은 무엇이며, 그 현안을 해결할 방안은?
3. 농촌 잘살기에 대한 복안은?

4. 행정이 변화해야 한다면 어떤 부분이며 조직개편에 대한 의견을 제시해 달라.

– 답변 –

1. 농민이 생산한 농축산물을 제값을 받지 못하는데 큰 원인이 있다. 이 지역에서 생산되는 모든 농축산물을 팔아 주는 군수가 되어야 한다. 그러기 위해서는 서울근교 교통 좋은 데 상설 농축산물 판매장을 개점하여 팔아 주어야 한다.
   군내 경치 좋은 곳을 선정하여 그곳 여건에 맞는 전원농장을 개발하고 도시인에게 분양하여 주민 소득은 물론 세수도 올릴 수 있다.
2. 남북에 격차란 무엇을 의미하는 것인지는 몰라도 각 읍면마다 특색을 갖고 있다. 그 특색사업을 개발하면 별 문제가 없다고 본다. 시간이 없어서 다는 말을 못하지만 평창의 경우 종부 삼방산 기슭을 개발하되 이곳 여건에 맞는 종합 휴양지를 건설하겠다.
3. 농민이 잘살면 근로자 영세 상인과 각종 요식업 사업이 잘될 것이다. 따라서 세수가 늘 것이고, 또 우리 주위에 대기업이 많이 있다. 그 기업들이 지역개발에 같이 참여하여 개발 소득 금이 지역사회 발전에 기여토록 유도하겠다.
   정부가 57조원의 종합 개발비를 조성한다고 하니 투자에 대한 타당성을 제시하여 예산을 확보하겠다.

4. 발왕산 개발은 재론의 여지가 없다고 본다.

무주에서는 국립공원까지 훼손시켜 개발하는데 이 지역만 개발이 묶여서야 되겠습니까?

보존할 곳은 완벽하게 보존하고 개발할 곳은 개발하여 환경보존과 개발의 조화를 완벽하게 이루어야 할 것이다.

5. 앞으로 농업은 자연농업(유기농)으로 바뀌어야 한다. 양보다는 질을 높여야 한다.

제초제 비료 농약으로 짓는 농사는 개선하여야 하며 논에선 벼농사 경사지는 초지 그 외 농지는 세분화 즉 지역특성에 맞는 품종을 재배하여 수요자와 공급자와의 원활한 거래가 이루어지도록 하면 가장 높은 소득을 올리는 농촌을 만들 수 있다.

1. 평창군수는 어떤 사람이 돼야 한다고 생각하십니까?

먼저 평창군수는 평창의 문제점과 지역여건을 충분하게 조사 분석하여 평창군의 새로운 개발은 물론 주민소득개발을 향상할 수 있고 미래 청사진을 확고하게 갖고 강력히 이를 추진해 갈 수 있는 사람이 돼야 한다고 생각한다.

먼저 평창은 농업에 관계하신 분이 70%이면서도 천혜적인 자연환경을 갖고 있고 마치 관광의 나라 스위스와도 같은 개발가능성을 가진 곳이다.

따라서 평창군수는 농업도 잘 알고 관광에도 식견이 있어 농업과 관광을 접속시킨 새로운 주민소득개발계획을 세우고 추진할 수 있어야 한다.

두 번째 평창군은 23% 재정자립능력은 가지고 있고 이 열악한 지방 재정자립 능력을 빠른 시간 안에 향상시킬 수 있는 충분한 연구와 계획을 갖고 있는 사람이어야 한다.

평창군의 세수에 절대적으로 비중 있는 용평리조트와 같은 새로운 관광개발계획에 의한 기업들의 적극 유치로 인한 세수증가를 이루어야 한다.

지역 농축산물의 가공 산업 및 관광농원, 전원주택 개발로 인한 세수확보를 해야 한다. 따라서 주민소득향상과 경쟁력 강화에서 오는 지방재정자립의 효과는 클 것이며, 이는 민선군수로서 가장 중요하게 추진해야 할 일이라고 생각한다.

세 번째로 평창군수는 소신과 추진력을 가진 뚝심 있고 정말 최선을 다해 일하는 사람이어야 한다. 중앙정부의 눈치나 보고 기업의 편에 서서 인기에만 연연한다면 평창군의 미래는 황폐화 될 것이다.

따라서 민선 평창군수는 새로운 평창건설에 충분한 능력과 혼신의 힘을 다해 열심히 일하는 사람, 열심히 생각하는 사람, 열심히 뛰는 사람이 돼야 한다고 생각한다.

2. 출마에 나선 배경은 무엇입니까?

나는 평창군에서 나서 평창군에서 성장해오면서 하면 된다는 일념으로 살아왔다. 따라서 20여 년 간 열심히 농사일에 종사해오면서 생활기반도 어느 정도 이루어졌다고 생각한다. 평소 지역개발과 평창군의 발전 가능성에 대해 많은 관심을 가져왔다.

6년 전 평창축협 조합장으로 조합원의 직접선거에 의해 당선되어 나름대로 열심히 일해 온 터에 '93년 조합원들의 뜻에 따라 무투표 당선돼 나름대로 많은 일들을 추진해 왔다.

강원도에서 우리조합은 꼴찌 조합에서 일등조합으로 바뀌어졌다. 그 실례로 예금 유치금이 26억에서 220억으로 신장되었고 사업규모는 38억에서 580억으로 크게 규모가 늘어났으며, 따라서 자산규모도 수십 배로 증가하게 되었다.

우리 평창군 조합원들이 이루어낸 기적에 가까운 업적들이었다. 그러나 모든 분들은 그 공을 나에게 돌리기에 주저하지 않았다. 이러한 연유에 조합원들이나 평창군민 대다수 분들이 더 많은 일을 해달라는 주문으로 격려해 주었다.

많은 고민과 갈등도 있었다. 평소에 갖고 있던 평창군 발전에 대한 소신과 축협장으로 할 수 있는 평창군 전반에 대한 한계 등을 고려해서 여러분의 중지를 모아 내 여생을 다 받쳐 평창군을 위해 일하겠다고 하는 굳은 의지로 출마하게 되었다.

따라서 새로운 평창, 달라지는 평창을 원하는 모든 분들이 나의 지지기반이라고 말할 수 있으며, 학연이나 지연이나 혈연에 개의치 않고 강력한 추진력을 가진 사람을 평창군수로 원하는 사람들 또한 저의 지지 기반 층이라고 생각한다.

3. 공명선거를 위한 선거운동방안은?

한마디로 나의 의지는 선거법에 작은 것 하나로도 위배하지 않는 깨끗한 선거운동을 하였다는 것이다.

우리 조직과 운동원에 관해서는 평창군 현재 8개 읍면에는 자생적으로 조직된 김용욱 후원회 성격의 선거조직이 활발한 활동을 해주고 있고 또한 선거운동원도 자원봉사자로 나선 분들이 수백 명에 달한다.

더욱이 예전 선거와는 달리 이 모든 분들이 어떤 대가나 이익을 생각하는 것이 아니고 순수하게 진실 되게 참여 한다는 것에 놀랬고, 큰 감명을 받았다. 이러한 것에서 공명선거의 의지를 엿볼 수 있었고 가질 수가 있었다.

본인의 확고한 의지나 선거운동원들의 분명한 생각도 공명선거를 위하고 깨끗한 선거에 임하는 가장 훌륭한 방안이라고 생각한다. 나는 분명 부끄러운 당선보다는 오히려 떳떳한 낙선을 선택할 수 있는 당당한 후보자가 되겠다.

4. 자치단체 재정능력 확충 방안은 어떤 것이 있다고 생각하십니까?

앞서 평창군수로서의 인물 론에도 말씀을 드렸지만 평창군의 재정능력 확충 방안은 대단히 희망적이다.(1번 답변참조)

5. 평창군내 시급한 현안은 무엇입니까?

평창군내에서 우선돼야 할 문제 또한 중복하여 말씀드림을 이해해 주시기 바란다. 먼저 시급하게 이루어져야 할 것은 평창 미래 개발계획이다.

6. 발왕산 개발관계와 환경보존 어떻게 조화시켜 갈지 복안은 어떤 것입니까?

발왕산 개발은 결론적으로 시급히 이루어져야 한다.

그동안 우리 평창군민은 99년 동계아시안게임 유치와 97년 월드컵유치를 위해 얼마나 많은 노력을 다하였는가? 또한 언젠가는 동계올림픽을 꼭 해야 되지 않겠는가?

그러나 97년 월드컵이 발왕산 개발에 대한 정부의 불허로 무산위기에 놓여 있다. 상대적으로 전북 무주스키장은 발왕산보다 훨씬 더 개발이 어려운 조건을 가지고 절대개발제한 지역인 국립공원도 허가하여 개발을 서둘고 있다.

수십 년 간 한국동계스포츠 발전의 역할을 담당해온 한국스키의 일등 공신 고장이다. 어느 집단의 정치적 계산이나 강원도의 무 대접에 따른 불공평한 결과가 아닐 수 없다. 따라서 발왕산 개발은 속히 이루어져야 할 것이며, 발왕산 개발에 따른 각종 국제대회를 훌륭히 치름으로써 지역개발은 물론 평창주민증대에 크게 기여할 것이며, 세계만방에 평창의 아름다움을 알려 천혜의 관광지역으로 홍보해 갈 수 있는 절호의 기회가 될 것이다. 다만 환경보전 문제에 대해서는 또 다른 견해를 갖고 있다.

강원도 땅은 모두다 환경보존이라는 미명아래 방치되어왔다. 또한 무질서한 개발과 환경파괴도 적절히 대처하지도 못했다. 물론 환경보존이 우리에 무형의 재산이라고 생각한다. 그러나 환경보존과 개발에 완급을 조절하고 개발이 보존에 커다란 도움이 되도록 조화를 이루어간다면 개발의 방치나 무질서한 개발을 막으면서 주민소득개발에 좋은 여건을 제공해줄 수 있다고 생각한다.

이러한 것이 진정한 의미의 지역개발과 환경보존이라고 생각한다.

7. 도암 댐 관련 집단민원 등이 생길 경우 어떻게 대처할 것인가?

도암 댐에 관련한 집단민원은 대략 강릉시의 상수원 오염에 대한 이해관계, 도암 댐 담수로서의 오염으로 인한 환경훼손 등에 관한 것들이라고 요약 생각할 수 있다. 따라서 이러한 주된 요인 중의 하나는 농업용 폐수, 생활폐수, 축산폐수 등의 주요 문제들이 산재하여 있다.

이러한 것은 장기적이고도 많은 시간이 소요되어야만 민원을 해결할 수 있다고 생각한다. 그래서 만약 민원이 생긴다고 하면 민원인들과 충분한 대화를 통해서 충분한 대안을 제시할 것이다.

농업용 폐수와 생활폐수의 유입을 막기 위한 대단위 하수종말처리장을 건설하고 축산지역을 점차 줄여가면서 레저시설을 유치하도록 기업에 적극 권장하면서 소량이라도 충분한 폐수처리시설을 갖추도록 지도 감독할 것이다. 그렇다고 한다면 도암댐에 대한 민원은 충분하게 해결되리라고 생각한다.

8. 평창군 지역 학력 낙후 대책은?

평창군은 학부모 모든 분들이 알고 있듯이 열악한 환경조건에 있다. 아직 바뀌지 않은 학교 환경조건, 학생들을 가르치는 선생님들의 비정주로 인한 교육기회의 열세, 우수학생들의 전학현상 등 많은 여건들이 평창군 학력낙후에 절대적 요인이라고 생각한다.

그러나 지난번 교육개혁에 대한 내용을 보면 농촌 학생들에게는 상급학교 진학에 많은 도움이 되는 것으로 나는 알고 있다.

가능한 보다 좋은 환경에서 학생들이 공부할 수 있도록 지원할 것이며, 스키나 골프, 테니스, 레슬링 등의 체육 특기자 지원방안과 여러 학생들이 신교육 개혁에 따라 자율적으로 참여하고 봉사할 수 있는 봉사기회부여 예능과 문화 등 많은 것에 학생들이 참여할 수 있는 시설개선 등도 교육을 담당하시는 분들과 협력하여 대책을 강구한다면 평창군의 학력은 향상될 것이라 생각한다.

더 욕심을 부린다면 지역에 진출해 있는 쌍용이나 삼성 등과 협의하여 관광 전문대학을 유치해 보고자 하는 의욕도 가지고 있으며, 충분한 연구도 계획하고 있다.

물론 전문대학 유치는 많은 경제적 부담이 따르기 때문에 그럴듯한 공약과 인기위주로 대학을 유치한다고 말씀드리고 싶지는 않다. 다만 최선을 다해 노력해 보겠다는 의지를 이 기회에 밝혀드린다.

9. 현재의 공무원 사회 어떻게 판단하십니까? 더불어 지역사회 공무와 사기전략 방안은?

현재의 공무원 사회에 대하여는 국가적으로 문민정부에 들어선 후론 여러 면에서 많은 변화를 가져왔다.

'부동부지이다, 무사안일주의다, 행정편의주의다.' 등의 불신풍조도 만연되어 있는 것도 사실이다. 그러나 이러한 불신의 구조적 요인은 여러 가지 이유가 있다. 무엇보다 중요한 것은 열악한 공무원에 대한 대우였다. 이러한 문제 또한 정부차원에서 적절한 방안과 대책을 추진하고 있는 것으로 알고 있다.

이에 따라 지역사회 공무원 사기 전략방안에 대해서는 중앙정부에서의 대책방안 등과 병행하여 정당한 인사원칙은 물론 담당 업무 자들의 창의성을 중시하고 이를 과감히 지원할 것이며, 일하는 공무원들에게는 포상 제도를 강화하여 일 맛이 나는 분위기를 조성하고 공무원 후생복지를 위해 최대한 지원을 아끼지 않을 것이다.

지방공무원은 지역사회 발전에 가장 중요한 역할을 담당하고 있다. 이분들의 사기가 높아야 평창군의 미래는 밝아질 수 있기 때문이다.

10. 평창군의 남북괴리 현상대책은?

평창군은 흔히들 고속도로를 중심으로 해서 남·북이 괴리 현상이 있다고들 한다. 그러나 나는 그렇게 생각하고 있지 않다. 우리 평창군이 지형적으로나 생활권으로나 다소 그러한 부분이 있겠지만 무엇보다 이러한 인식은 고른 지역개발의 한계성 때문일 것이다.

농업지역과 관광 진흥지역들의 개발에서 오는 시각의 차이, 이를 접하는 주민들의 견해와 생활환경의 괴리, 더욱이 광활한 평창군의 접근성 부족 때문에 오는 대화의 부족, 이러한 모든 것들은 우리지역에 문제인 것만은 틀림없다. 따라서 저는 이러한 평창군민들에게 동질감을 조성하고 결속력을 다져가는, '평창 하나 되기 사업'을 구상하고 있다.

시간관계상 실례로 일부만 말씀드리고자 한다.

우선 관광과 농업을 접목한 실현가능성은 개발계획 추진으로 인한 해결할 수 있는 방안이다.

하늘이 내리신 백룡동굴과 송어의 발원지 미탄! 역사적인 노성산과 맑은 물의 평창강을 끼고 있는 평창! 크고 작은 깊은 계곡과 고요함이 깃든 방림! 가리왕산을 등에 업고 수려한 금당계곡을 품에 안은 대화! 메밀꽃 필 무렵의 문화마을 봉평! 오대산 국립공원과 산채와 약초의 주산지 진부! 전국제일의 고원 휴양도시를 꿈꾸고 있는 도암!

우리의 땅은 미래 약속의 땅이 아니라 바로 황금의 땅이다. 지역특성과 여건에 맞게 지역개발을 균형이 되게 이룩한다면 자연히 우리의 평창군은 동질감이 조성되고 군민 모두가 하나가되는 전국제일의 모범 군이 될 것이다.

군수는 어떤 사람이 되어야 하는가

1. 청렴결백해야 한다.
2. 농촌을 알아야 한다.
3. 군민들과 희로애락을 함께 하려는 사명감이 있어야 한다.
4. 행정편의주의에서 주민편의주의로 개혁할 수 있는 무균질의 사나이여야 한다.
5. 천혜의 자원 평창군을 대한민국의 스위스로 만들 수 있는 굳은 의지를 가진 사람이어야 한다.

바로 그 사람이 김용욱이다.

농촌에서 태어나 10여 년 간 초등학교 교사를 하다가 농사를 시작했다. 어려운 여건 속에서도 "하면 된다."는 신념으로 열심히 살다보니 큰돈은 없어도 먹고 살만한 여유는 생겼다. 늦게나마 지역을 위해 일을 해야겠다는 생각에 축협 조합장에 당선되어 5년 만에 12배로 키웠다. 강원도 꼴지 조합을 일

등 조합으로 만들었다. 2,300명의 조합원들이 밑거름이 되어 어려운 평창군을 강원도의 일등 군으로 만들었다. ▚

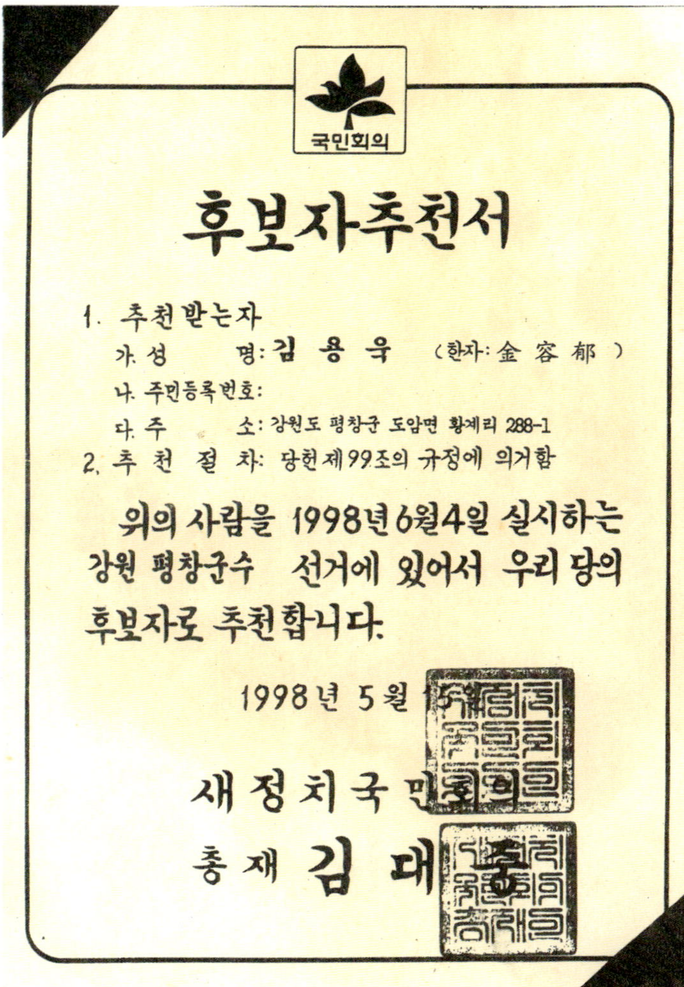

국민회의

후보자추천서

1. 추천받는자

가. 성　　명: 김 용 욱 (한자: 金 容 郁)

나. 주민등록번호:

다. 주　　소: 강원도 평창군 도암면 황계리 288-1

2. 추 천 절 차: 당헌제99조의 규정에 의거함

위의 사람을 1998년6월4일 실시하는 강원 평창군수 선거에 있어서 우리 당의 후보자로 추천합니다.

1998년 5월 15일

새정치국민회의

총재 김 대 중

연설문

산에는 녹음이 짙어지고 들에는 농작물이 무럭무럭 자라며 농사일과 각종생업 현장에서 얼마나 고생이 많으십니까?

불초 소생은 진부면 거문리에서 태어났고 현재는 도암면 횡계리에 사는 기호 2번 무소속 군수 입후보자 김용욱입니다.

존경하옵는 평창군 유권자 여러분. 불초 소생이 평창군수가 되겠다고 입후보하여 이 높은 자리에서 평소에 생각한 소견을 말씀드리게 된 것을 무한한 영광으로 생각합니다.

지방자치제가 시행되면 군수를 우리 군민의 손으로 직접 선출하게 되므로 이구동성으로 이번 군수 선거야말로 아주 중요한 선거라고 모두들 말씀하시는데 제가 생각을 하여도 사실 중요한 선거임에는 틀림이 없습니다.

이렇게 중요한 선거에서 과연 우리 군의 살림살이를 잘 할 수 있는 사람이 누구인지 또, 우리 농민 상공인에게 진정 도움을 줄 수 있는 사람이 누구인지 여러분이 잘 고르셔야 됩니다.

여기 이 자리에 서서 지금 말하고 있는 이 사람이 여러분이 찾고 계시는 군수감이 될 것이라고 추천 드리고 싶습니다.

저는 가난한 농촌에서 태어나 어렵게 초등학교를 졸업하고 강의록으로 주경야독하여 초등학교 교사가 되어 우리나라 장래를 책임질 2세 교육에 몸담아 평창, 진부지역, 용평지역, 도암 지역에서 10년 동안 교사생활을 하다가 도암면에 자리를 틀고 농사를 짓기 시작하여 지금은 밭농사와 한우를 사육하는 농사꾼이 되었습니다.

존경하옵는 유권자 여러분!

너나 할 것 없이 우리 농촌현실이 얼마나 어렵게 살아왔습니까? 또, 지금까지 정부와 민자당에서는 농촌을 어떻게 대해 왔습니까?

선거 때만 되면 당장이라도 우리 농촌을 큰 부자가 되게 해 줄 것 같이 떠들어 댔고 순박한 우리 농민은 이런 선전에 현혹되어 집권여당을 줄기차게 밀어주었지만 현재까지 우리 농촌을 발전시켜준 사실이 없다는 것을 여러분들은 말하지 않아도 너무 잘 알고 계실 것입니다.

이번만은 여당의 어떠한 선전에도 현혹되지 말고 농촌을 알고 농사를 짓고 있는 무소속 기호0번 김용욱을 확실하게 밀어 주셔서 가난하고 어려운 농촌농민 영세 상공인의 아픈 마음을 풀 수 있는 기회를 만들어 봅시다.

여러분의 절대적인 지지로 군수에 당선 된다면 제일

첫 번째로

공무원의 생각과 자세를 완전히 전환시키겠습니다.

행정편의주의에서 주민편의주의로 바꾸겠으며 서투른 규정만 따지는 공무원이 아니라 실질적으로 군민들의 이익이 되고 도움이 되는 방향으로 하겠습니다.

예를 들면 집을 하나 짓는데 서류를 면에다 접수하면 면장 책임 하에 군수허가 사항이었을 때는 군으로 우리 공무원이 송부하여 민원인이 군청을 드나드는 복잡한 어려움이 없도록 하겠으며,

군수실과 군수 관사는 완전 개방하여 우리 군민이 언제나 찾아와 어려운 일을 군수와 협의하고 해결할 수 있도록 할 것입니다.

또 어깨에 힘을 주고 군민을 우습게 생각하는 공무원이 아니라 군민의 참 머슴이라는 자세로 반드시 바꾸어 갈 것이며, 주민에게 칭찬을 받는 공무원은 특별우대를 하여 사기를 돋구어 줄 것이지만 자질이 부족하고 군민을 괴롭히고 알기를 우습게 아는 공무원은 과감하게 도태시킬 것입니다.

둘째로

우리 평창군은 천혜의 자연 조건이 좋은 고장입니다.

이러한 고장에서 생산되는 농산물, 축산물, 약초 등은 생산을 잘하여도 판로가 없어서 소득과 연결되지 못하고, 판로가 있다고 하여도 중간 유통관계가 복잡하고 비용이 많이 들어 농사소득증대에 막대한 문제가 있었습니다.

그러나 이 김용욱이가 군수가 된다면 서울 등 대도시에 군수가 직접 나서서 자매결연 등을 추진하여 유통단계를 축소하고 공무원이 판매를 알선하여 농가소득과 연결시킬 것입니다.

이제 우리 공무원들이 앞장서서 화학비료와 농약, 제초제 등에 의존하여 농사를 짓던 것을 퇴비를 생산하여 농토를 비옥하게 함은 물론 유기 농업으로 우수한 농축산물을 생산하여 서울 등 대도시 교통이 좋은 곳에다 대형 상설 판매장을 개설하고 깨끗하고 품질이 우수한 우리 농산물을 군수가 책임을 지고 판매한다면 안 될 일이 없을 것입니다.

존경하는 유권자 여러분!

지금 우리나라의 4대강이 썩어가고 있습니다.

경기도를 중심으로 흐르는 한강, 경상남북도를 흐르는 낙동강, 충청남북도를 흐르는 금강, 전라남북도를 흐르는 영산강이 썩어서 사람이 먹을 수 없을 정도로 나빠지고 있으며, 그 물로 농사를 짓고 그 물로 축산을 하고 있습니다.

존경하는 평창군민 여러분!

우리가 지금은 우리지역이 개발되지 아니하여 소득이 낮고 농외소득도 없고 해서 어렵게, 힘들게 살아가고 있지만 이번에 저를 군수로 뽑아만 주신다면 이 오염되지 아니한 우리 평창의 맑은 공기와 생수로 생산한 농산물, 축산물, 약초 등은 홍보만 잘 한다면 얼마든지 비싼 가격으로 팔아서 소득 증대에 이바지 할 것이며,

셋째로

우리군의 환경과 자원을 최대한 활용하여 경치가 좋은 곳의 농지를 백 평씩 전용하여 농가 희망에 의하여 별장을 군수가 직접 지어서 대도시 부자들에게 비싼 가격으로 팔아서 정말로 신바람 나는 우리 군민이 되게 하겠습니다.

앞으로 도시민들은 주말이 되면 우리 평창을 꼭 찾게 되며 더욱이 영동고속도로가 4차선으로 확장되면 서울 등지에 출퇴근도 가능해지므로 물 좋고 경치가 좋은 곳에다 별장만 지어 놓으면 비싼 가격으로 판매할 수 있을 겁니다.

농가에서는 땅만 백 평 내 놓고 군수가 지목변경, 측량, 설계, 건축 등을 완료해서 분양한다면 3억은 받을 수 있을 겁니다.

30평은 건물을 짓고 30평은 정원을 만들고 20평은 가축을 기를 수 있도록 만들어 주고 20평은 채소밭을 만들어 준다면 주말 농장 및 별장으로 부자들이 몰려 올 것입니다.

이와 같이 만들어 3억을 받는다면 건축비, 조경비 등을 제하고도 농가는 1억 이상 소득이 있을 것입니다.

지금은 여름철에 텐트와 먹을 것을 모두가 서울에서 가져와 환경만 더럽히고 우리는 쓰레기만 치우는 일 밖에 없었으나 이러한 사업이 완성되면 주말에 서울 등지에서 알몸으로 와서 돈을 쏟아놓고 가는 도시인이 되도록 할 것입니다.

넷째로

평창읍 지역 내에 골프장을 하나 지어서 농외 소득증대와 평창읍의 사업 활성화에 기여하고자 합니다.

뿐만 아니라 우리 군의 천혜의 자원인 생수를 정책적으로 개발해서 군민의 소득을 높여 드릴 것이며 우리 군의 재정 자립도를 높여 나가겠습니다.

또 모든 개발은 기업위주에서 탈바꿈하여 지역주민이 직접 참여하는 개발을 할 것이며 주민에게 이익이 돌아가게 하겠습니다.

다섯째

우리 군의 재정 자립도를 높이기 위하여 도암면에 있는 용평스키장 골프장, 삼양 한일 목장과 봉평면에 보광레저타운, 해태음료의 유포스키장 등 이런 대기업들에게 개발 부담금을 만들어 부과하겠습니다. 물론 개발하는데 많은 뒷받침을 해서 기업이 요구하는 대로 충분히 돕겠습니다만 존경하는 유권자 여러분! 생각하여 보십시오. 우리 지역에 와서 사업을 하고 있으며 세탁비누와 라면까지 팔면서 일정한 세금만 부과하는 것은 말도 안 되는 이야기입니다. 커피한잔에도 스키대여에도 골프놀이에도 모두 개발세금을 부과하여 5년 이내에 재정 자립도도 50%이상 높이겠습니다.

모든 기업들이 자신들의 이윤추구에만 급급할 게 아니라 어려운 군민을 이해하는 기업군민과 더불어 화합하는 기업으로 바꾸어 가도록 하겠습니다.

기업과 군민이 별개가 아니라 하나라는 생각으로 그 일에 주역을 이 김용욱이 하겠습니다.

여섯 번째

대화에다 지역의 특산품인 고춧가루 공장을 건설하여 농가 소득증대에 직접 기여하도록 하겠습니다. 고춧가루뿐만 아니라 장류까지 만들어서 대도시 백화점에 판매할 수 있는 일을 하겠습니다.

일곱 번째

진부지역에 감자 과자공장과 약초 가공공장을 건설하여 이 지역의 특산품인 감자를 과자로 만들어 소득을 높이고 약초 가공공장을 만들어 장기적으로 안정적인 농업을 할 수 있도록 하겠습니다.

뿐만 아니라 평창읍과 진부면에 종합복지회관을 건설하여

남녀노소를 막론하고 문화 공간에서 건전한 여가를 즐길 수 있는 시설을 건설하겠습니다. 이상과 같은 사업을 하려면 엄청난 예산이 필요한데 그 막대한 예산을 어떻게 충당할 것인가?

의심을 하시겠지만 이 김용욱이는 첫째 중앙 정부에서 많은 예산을 가져와야 하는데 어떻게 할 것인가? 나약한 자세로 도나 중앙정부에 매달려 사정하는 군수가 아니라 일에 타당성과 정확한 비전을 가지고 당당하게 요구하는 강한 군수가 되어 틀림없이 관철시킬 것입니다.

만일 그래도 여의치 않으면 국제은행이나 선진국에 가서 자매결연 등으로 장기 저리자금을 차관해서 이상 제시한 사업을 꼭 마무리 하겠습니다.

여덟 번째

지역경제의 안정을 도모하겠습니다.

평창농공단지 운영을 활성화 하여 현재 17개 업체 중 13개 업체만 영세하게 운영되고 있으나 17개 업체 모두 정상가동 될 수 있도록 내 고장 상품 팔아주기 운동 등을 전개하겠습니다.

▲ 1998. 군정활동 - 평창 농축산물 판매촉진운동

아홉 번째

수지보전과 쾌적한 생활환경을 조성하겠습니다.

평창군 전체 상수도 사정이 얼마나 안 좋습니까? 계속되는 누수로 수압이 약하고 흙탕물도 가끔 나오고 또 모래도 가끔 섞여서 나오는 우리 관내 수도 사정을 완전 개보수하여 맑고 깨끗한 물 공급을 최대의 역점사업으로 추진하겠습니다.

열 번째

생활복지 시설을 확대 지원하여 개인의 능력개발 및 취미 활동을 충분히 할 수 있도록 각 읍면의 복지회관에 취미교실을 운영하며 유명 강사진을 초빙 여성 지위향상과 능력개발에 중점을 두고 운영하겠습니다.

열한 번째

경로당 운영유지비를 확대지원 하겠습니다.

현재 다소의 예산이 지원되고 있으나 정상적인 운영이 어려운 예산이므로 이를 확대 지원하여 관내 어르신네들이 편안하고 즐겁게 보낼 수 있도록 최대의 지원을 약속드립니다.

열두 번째

우리 군의 두 번째 숙원인 의료혜택 향상을 위하여 보건의료원 및 보건지소에 예산지원을 확대할 것이며 전문의 확보 및 의료서비스 개선을 위하여 적극 노력하겠습니다.

열세 번째

관내 민간자본을 유치하여 4계절 관광지로 손색이 없도록 관광산업 개발과 아울러 네 번째 말씀 드린 평창읍의 골프장 조성과 연계하여 새로운 '새 평창 건설'에 이 몸이 부서지도록 일할 것을 약속드립니다.

존경하는 유권자 여러분!

이 김용욱이가 유권자들로부터 인기가 계속 좋아지고 있으니 이를 모함하고자 김용욱이는 군수가 되면 절대 안 된다고 험담하는 사람이 있습니다. 김용욱이가 군수가 되면 횡계 사람이기 때문에 모든 투자를 횡계에 다 할 것이라고 말도 안 되는 말로 지역감정을 일으키는 소인배가 있습니다. 지금 우리는 세계화를 부르짖는데 조그마한 지역에서 편 가르기나 해서 어쩌자는 것입니까?

김용욱이는 체격은 우람하고 마음은 바다 같으며 가슴은 뜨겁고 인정이 많으며 매사에 공정한 사람이라고 축협 조합장 육년 동안에 평가 받은 사람입니다.

김용욱이는 행정경험이 없어서 군수를 할 수 없다는 비판이 있습니다만 이 얼마나 웃지 못 할 이야기입니까?

현재까지 행정을 담당한 관료들이 행정경험이 없어서 민원인의 고충을 해결해 주기보다는 권위의식만 앞세워 서민의 설움을 부추기는데 일익을 담당하고 있습니까?

김용욱이는 그 썩어빠지고 전근대적인 의식으로 자리지킴에만 연연해온 전직 행정 관료와 민자당에 묻고 싶습니다.

지금까지 행정경험이 있어서 우리 국민을 우롱하고 있느냐고?

유권자 여러분! 행정이란 것은 그런 것이 아닙니다.

우리 국민이 편안하게 마음 놓고 행복을 누리며 살 수 있게끔 편의를 도와주는 서비스업의 일종이라 생각하고 있습니다.

여러분 생각해 보십시오!

지금 우리 농촌이 살기 좋은 곳입니까?

농축산물 가격이 오르면 농민들이 배부르게 살까봐 외국에서 모든 농축산물을 수입해서 하루아침에 가격을 폭락시키는 행위를 서슴지 않고 행하는 행정 관료들의 경험을 믿어서 될 때가 아닌 것을 유권자 여러분은 깨달아야 합니다.

현재 우리나라 경제가 얼마나 어렵습니까?

직장에 다니는 공무원 및 회사원 여러분!

그리고 상업에 종사하고 농업에 종사하는 군민 여러분!

연일 계속되는 물가고, 또한 박봉에 시달리는 공무원 및 근로자의 생활이 행복하고 여유롭다 할 수 있겠습니까?

계속 당하면서도 행정경험 있는 사람들의 정치를 믿고 따라야겠습니까?

이젠 바뀌어야 합니다.

새로운 사람, 신선한 사람, 정치에 찌들지 않은 사람들로 교체될 시기가 온 것입니다.

그것이 바로 지방자치제 실시인 것입니다.

유권자 여러분!

나, 김용욱이는 평창축협에 몸담고 있으면서 조합보다는 조합원, 나보다는 조합원을 위한 조합장으로 일하고자 열심히 뛰었습니다.

물론 평가는 제가 하는 것이 아니라 우리 2,300여 조합원이 할 것입니다.

제가 군수에 출마한 것은 저 개인의 욕심이 아니고 어려운 우리 평창군과 군민을 위해 열심히 노력하고자 하였는데 축협 조합장으로는 한계가 있기에 군수에 출마하여 당선이 되면 우리 평창군을 우리나라 제일의 지상낙원으로 만들어 보려는 마음에서 출마한 것이니 저를 믿어주시고 적극적인 지지를 보내주실 것을 고개 숙여 부탁드리는 바입니다.

평창군민 여러분!

우리 농촌은 잘 살아야 합니다.

우리가 사는 곳이 우리나라 제일이 되어야 합니다.

그것을 이룰 수 있는 기회가 이번 단체장 선거입니다.

유권자 여러분의 바른 선택만이 우리 평창군을 살기 좋은 곳으로 만들 수 있는 길이라는 것을 명심하여 주시기 바랍니다.

한 가정이 풍족해지고, 한 기업이 성장하고, 한 고장이 발전할 수 있는 것은 그 집의 가장과 기업의 대표와 그 고장의 리더에 따라 흥할 수도 망할 수도 있다는 사실을 유권자 여러분은 잘 아실 겁니다.

평창군민을 위하여 봉사할 줄 알고 이곳에 뿌리박고 살고자 둘째 아들놈까지 농민후계자로 기른 김용욱은 여러분 곁에서 고락을 함께하며 여러분을 위해서 희생할 각오로 출마한 우리의 일꾼 김용욱을 평창군수로 뽑아 하늘이 내려주신 천혜의 자원을 개발하여 자자손손이 행복하게 삽시다.

끝까지 경청하여 주신 여러분께 진심으로 감사드리며 기호 2번 김용욱 다시 한 번 기억하셨다가 오는 27일 전폭적인 지지를 기대합니다.

감사합니다.

영광스러운
평창군수 당선을
축하드립니다

평창군수 당선자 김 용 욱

6.27일 4대 지선으로
우리는 지방자치의
새로운 지평을 열었습니다.
이제는 엉크러졌던 마음들을
가다듬고 한데모아 지역발전에
혼신의 힘을 쏟아야 할때입니다.
군민들의 기대와 바램에
어긋남이 없도록 군정발전을 위해
좋은 결실을 맺기를 바라며
평창군수 당선을 진심으로 축하드립니다.

평창축산업협동조합
임직원 일동

평창군수
김 용 욱

평창땅에
웃음꽃이 피었습니다.

영광스러운 평창군수 취임을 축하드립니다.

본격적인 지방자치화 시대를 맞아 실시했던
4대 지선으로 우리는 지방자치의 새로운
지평을 열었습니다.

이제는 복잡하고 엉클어졌던 마음들을 가다듬고
한데모아 지역발전에 혼신의 힘을 쏟아야
할 때입니다.

김 용 욱 평창군수께 바랍니다.
군민들의 기대와 바램에 어긋남이 없도록
군정발전을 위해 최선을 다해 주시기를,
그래서 평창땅에 웃음소리가 가득할 수 있도록….
다시한번 취임을 축하드립니다.

평창축산업협동조합
임직원 일동

지방자치시대의 새로운 일꾼!

영광스러운 평창군수 당선을 축하드립니다.

평창군수 당선자
김 용 욱

이제 본격적인 지방자치 시대가 열립니다.
새롭고, 희망찬 새출발을 위해 우리 모두는
김용욱 평창군수 당선을 축하드립니다.
앞으로 평창군정 활동을 함에 있어
평창군 발전을 위해 최선을 다해줄것을
당부드립니다.

시대종합건설주식회사
(오대산관광호텔)
임직원 일동

평창군 주민 탄원서

1997년 농어촌개발공사 자금 유용혐의로 구속되었다. 지방자치가 시작된 이후 흔치 않은 일이라 아직 관계법이 정비되어 있지 않아 옥중 결재를 하였다. 지역 신문에서 계속 비판적인 기사가 나가는 바람에 지역 신문과의 갈등의 골도 깊어졌고 전국 매스컴이 주목하기에 이르렀다.

지역 주민들이 검찰청에 보낸 탄원서의 내용이다.

춘천 지방 검찰청 영월지청장님 귀하

안녕하십니까?

먼저 어려운 근무 여건 속에서도 지역 내 사법 업무 처리에 노력하시는 지청장님께 깊은 감사를 드립니다.

저희들은 평창군의 주민들로서 최근 문제가 되고 있는 평창군수 구속사건에 대하여 김용욱 민선 군수를 모셔왔던 사람들로서 평창군 앞날의 불확실과 실추된 명예 속에 매우 착잡한 마음을 금할 길 없어 함께 애태우는 지역주민들입니다.

이러한 어려움 속에서 어떻게 해야 하는 것이 저희 군민들이 받은 충격을 일소하고 새로운 군정의 발전과 지역에 발전을 도모하는 것인지를 생각하지 않을 수 없습니다.

따라서 저희 군민들은 지금의 가슴 아픈 심정을 토로하고 김용욱 군수의 위법혐의에 대한 사안은 뒤로 하고 김용욱 군수의 살아온 일면의 삶과 평소의 소신 그리고 군 행정 업무에 따른 평가를 부정보다는 긍정적인 면에서 호소하고자 탄원의 글을 올리게 되었습니다.

일부 여론과 크고 작은 집단적 불만이 조성되어 있는 현실에서 김용욱 군수의 치적을 적어가기엔 매우 큰 부담이 앞서나 저변 층에 깔려있는 민심을 꾸밈없이 상소해야 한다는 용기로 묻힐 마음들을 모아 지청장님께 호소하게 됨을 송구스럽게 생각합니다.

먼저 김용욱 군수님의 이번 사건에 대한 여론의 견해를 말씀드리고자 합니다.

그 동안 집약되어 온 해당 기관과 여론은 어쩌면 매우 단편적이고 부분적이며 일부 계층에 감정과 불만이 굴절, 과장된 표현인지도 모릅니다.

김용욱 군수의 지지계층을 분석하여 보면 행적 업무 소신과 현장 활동을 통한 업무 형태가 행정 위주에서 주민편의로 한 것이기에 특히 서민층, 농어민 관계자, 중하류층 등 일반 서민 계층들의 군수님에 대한 신뢰는 절대적이라 할 수 있으며, 따라서 일부 기관원, 유지 층에 대한 군수님의 평가와 일반 서민층이 갖는 시각은 매우 상반되어 있음을 참조하여 주시기를 기대하고 있습니다.

두 번째로 김용욱 군수님이 살아온 삶에 대한 군민들의 시각입니다. 김 군수님은 평창군 관내에서 초등학교 교사를 거쳐 농업과 축산업에 젊은 날을 받쳐 왔고 특히 '95. 6. 27 군수 선거 이전까지 평창군 축협 조합장으로 재직하여 왔습니다.

평소 언행이 직선적이고 요령보다는 직선적인 사람으로서 있는 그대로의 성격과 행동이 일부 계층에 물의가 된 것이며, 사려 깊지 못한 행동이 독선으로 오인되는 누를 가지셨지만

누구보다도 솔직하고 강직하며 뚝심 있는 행동 소신을 가지신 분입니다.

또한 일에 대한 추진력도 매우 놀라워 그 공적 또한 큰 것으로 알고 있습니다.

평창 축협 조합장 재임 시절 김용욱 군수의 활동과 의지 업무에 대한 평창 축협의 성장 실적을 요약하여 보면 아래의 표와 같습니다.

❖ 평창 축협 성장 실적

구분	1989년 12월	1994년 12월
조 합 원	1,117명	2,226명
직 원	26명	70명
본 지소	본소1, 지소1	본소1, 지소4, 판매장6
출 자 금	8,200만	4억 5천만
예 수 금	26억	220억
총 예 산	45억	580억

이와 같이 성장시켜 강원도 꼴찌 조합을 강원도 일등 조합과 전국 우수 조합으로 발전시킨 추진력은 지금도 3,000여 명의 조합원들이 그 공적을 기리기에 충분한 것이라 생각합니다.

물론 당시에 축협을 이끌어 가면서 다소 현재처럼 무리도 있었고 말도 많았지만 달라진 축협과 변한 모습의 축협 직원들을 통해 당시 조합장으로서의 능력을 인정받아왔습니다.

이러한 면면에서 저희 군민들은 김용욱 군수의 깊은 소신과 깊은 심정을 헤아리기에 작금의 현실에 대하여 기다림으로 일관해왔습니다.

김용욱 군수님은 당선되어 군정의 임무를 수행하시면서 평소 소신이었던 업무가 행정 위주에서 주민편의 위주로의 전환을 강조하고 공무원의 복지부동을 살아있는 역동적인 힘과 봉사로 내 고장 발전을 위한 머슴이 되기를 업무의 제 1목표로 삼고 군정을 펼치신 것으로 알고 있습니다.

그 동안 공무원들의 오랜 관행에 변화를 요구해오면서 주민들을 위한 능동적 자세 속에서 군림과 권리보다는 봉사와 의무로서의 공무원상을 만들어가기 위하여 평소의 소신을 강력하게 주도하여 온 것으로 알고 있습니다. 바로 김용욱 군수님의 일부 부정적 시각과 거센 비난을 감수하시면서 일시 인기보다는 주민편의와 주민 실 이득에 노력을 기울여왔다고 볼 수 있습니다.

그러나 잇단 공무원들의 징계에 대한 논란과 조직 속에 함께 해 온 조직원들의 불만의 소리도 컸었지만 재선을 향한 선출직 군수로서는 매우 어렵고 힘든 결단이었고 아픔과 고충도 있었음을 환기시켜 오기에 이르렀습니다.

이러한 군정의 소용돌이 속에 상대적인 불만과 심정토로가 와전되었고 왜곡되어 평창군 군수에 대한 위상이 다소 흔들려 왔음은 안타깝기 그지없는 일이라 생각합니다.

분명 김용욱 군수의 군정 수행은 돌발 행정이란 일부의 시각 속에서도 많은 변화와 희망을 가져왔습니다.

우선 민원 행정 처리에 놀라운 변화가 왔다는 사실입니다.

"친절한 공무원", "사려 깊은 서비스", "신속한 일처리", "1회 방문 민원 처리" 등 평창군이 달라졌고 또한 면사무소가 달라졌습니다.

이는 공무원에 대한 불신을 사라지게 했고 행정에 대한 신뢰가 싹터왔으며 공무원들의 자세 변화를 거쳐 서민들의 권익이 보장되고 평창군민이 희망을 갖게 하는 엄청난 용기로 바꾸어 가기에 충분하였습니다.

이는 분명한 현실입니다.

김용욱 군수님은 군정 소신 두 번째 목표로 전국에서 제일 잘 살고 살기 좋은 평창을 만든다는 것이었습니다.

먼저 그분은 개발과 환경 보존에서 고심하였고 특히 부실 공사에 대한 남다른 철저한 감시를 게을리 하지 않으셨습니다.

보다 예산을 줄이고 주민 실 이익에 앞장서기 위하여 자리 업무에서 현장 업무로 전환하여 불철주야 뛰어다니셨고, 휴일이나 일요일도 상관없이 오로지 평창 건설을 위한 애정과 열정을 다하시기에 최선을 다하였습니다. 바로 평창군의 가치를 발견하고 평창을 가꾸기 위한 남다른 그의 노력과 정열은 그 누구도 부인하지 못할 사실로 인정되어 왔습니다.

오로지 평창군을 위해 일하다 인생을 마감하는 것이 평소의 뜻이었고 마음을 비운자로서 소신 있는 군정을 펴시기 위하여 본인 사망 후 시신을 의료 연구 자료로 기증하신 놀라운 결단도 내리시기를 주저하지 않았습니다.

또한 일부의 반발에도 불구하고 군 예산에 대한 예치와 CD 확보를 통하여 이자소득이 20억에 달하는 실 이득에 업적을 쌓기도 하였고 농업구조의 개선을 위한 남다른 애씀과 지역 특산물에 대한 현지 홍보는 물론 직접 판매의 모습을 보여준 지칠 줄 모르는 군정 활동은 우리 평창군민들이 용기를 갖고 살 수 있도록 하기엔 충분한 증거이기도 합니다.

참으로 저희들은 자치제의 현실 속에 놀라운 변화를 맞으면서 새로운 삶에 용기를 갖게 되었습니다.

존경하는 지청장님!

마지막으로 말씀드리고자 하는 것은 김용욱 군수님에 위반 혐의 사실에 대한 견해입니다.

그 위반 혐의에 대하여 사법적 내용보다는 일반적인 측면에서 생각해본다면 농진청에 대한 임대 제도는 오랜 관행처럼 여겨왔던 것으로 그 저의를 순수한 농부의 심정으로 이해되고 참작되기를 바라오며, 토지 구입에 따른 차명 또한 대수롭지 않게 생각해 온 지역 주민들의 의식으로는 위법에 적법성을 크게 인지하지 않는 단순한 실수로 변명하고 싶은 사안이기도 합니다.

이러한 지역 환경 여건과 농업 종사자의 의식 배경을 참조하시어 많은 배려가 있으시기를 기대하고 있습니다.

또한 이번 사건을 주변으로 생겨난 "도암면 용산리 농로 포장 문제", "공무원 직위 해제 문제" 등의 크고 작은 사안들에 대하여 구체적으로 진실을 가려 열거하지 못함을 안타깝게 생각하며, 분명 이유와 사정이 있는 것으로써 충분한 실질 내용이 인식되기를 바라고 있을 뿐입니다.

다만 저희 군민들이 확실하게 호소할 수 있는 것은 김용욱 군수의 평소 성품은 꾸밈이 없고 솔직하다는 것이며, 주저하지 않고 뚝심이 있으며 말과 행동으로 한다는 것과 소신을 굽히지 않는 놀라운 추진력을 가졌다는 것입니다.

황소같이 일하는 뚝심쟁이, 한다면 해낸다는 고집쟁이 김용욱 군수가 다소 물의를 일으킨 것도 사실이지만 모든 것의 근본은 평창군을 사랑하고 지키고 가꾼다는 일념의 행동이었음을 우리들은 믿고 있습니다.

이번 일로 우리 평창군민들이 받은 상처는 큽니다.

평창군민들이 그 동안 지켜 온 위상도 많이 실추되었습니다. 마치 부모를 잃은 충격으로 놀라운 심정을 달랠 길이 없습니다.

행정 업무에 대한 공백과 함께 군 전체가 어수선하여 불안심리가 고조되는 것도 현실입니다.

망연자실하고 허탈해하는 사람도 많습니다. 이 모든 것이 그럴 수는 없기에 무엇이 현실이고 어떤 것이 평창의 앞날을 위한 것인가에 고심하는 사람들이 모였습니다. 그리고 지청장님께 위 내용을 탄원키로 한 것입니다.

안타까운 심정과 가슴 아픈 마음을 모아 간청하옵기는 김용욱 군수님의 군정 업무에 따른 잡음과 문제를 가늠하기보단 평소 그분의 성품과 솔직함을 인식하셔서 법이 정한 테두리 안에서 많은 배려와 관심을 가져주셔서 평창군민의 사기저하를 일으켜 주시고 가슴에 박힐 줄 모를 군민 피해 의식이 새로운 희망과 용기로 극복 될 수 있기를 바라고 있습니다.

저희들은 오랜 시간 김용욱 군수님을 지켜보아 왔습니다.

김용욱 군수님의 새로운 군정 운영을 기대하는 충분한 기회로 삼고 싶습니다. 하루 속히 행정 공백을 메우고 혼란한 민심이 바로 잡혀 새로운 도약의 평창이 되기를 기원하고 있으며, 앞에 놓여있는 '98 동계 월드컵 스키 대회와 99년 동계 아시안 게임이 원활한 준비도 급한 현실임을 감안하여 주시기를 바랍니다.

모쪼록 본 탄원의 글이 사실과 왜곡이 구분되기를 바라며, 김용욱 군수님에 대한 부정적 여론 이면에 매우 긍정적이고도 인간적인 사실이 있음이 입증되기를 열망하고 있으며, 지청장님의 깊으신 배려가 평창군이 다시 태어나는 감격으로 안정되기를 바라며, 하루 속히 흩어진 민심이 다시 모아질 수 있도록 선처하여 주시기를 기원 드립니다.

+ 찬미예수님

존경하는 안드레아 교수님께.

항상 교민을 위해서 애쓰시는
열정적인 교수님의 모습에
갈채의 박수를 보내드리며
저도 교회 생활을 하면서도
아낌없는 사랑을 배울 수 있는
은혜에 깊은 감사드립니다.
체육대회 때 나온 멋진(?)
사진이 있어서 보내드립니다.
교수님 Fighting!

97. 11.16
대전에서 최종 신부드림

제3부

소중한 편지 묶음

아버님 전상서

- 장남 인교. (재)강원테크노파크 원장

존경하는 나의 아버지

- 차남 영교. 평창영월정선축협 조합장 편지 모음

멋있고 즐겁게 인생을 누리시는 아버지께

- 딸 혜영. 북평여중 영어교사

▲ 1973. 집 앞에서 부모님과 삼남매

아버님 전상서

큰 아들 인교가 군 복무할 때 보낸 편지를 보니 옛날 생각이 난다. 그 어렵던 시절 스스로 과외교사를 하며 대학을 다니던 아들이 대견스럽기만 하다. 지난해 8월 1일 강원테크노파크 원장에 취임하였으니 얼마나 자랑스러운지 모른다. 인교가 보낸 편지와 신문기사 스크랩이다.

"과정·결과 중시하는 조직 혁신"
김인교 테크노파크원장 취임

▲ 김인교

김인교 (재)강원테크노파크 원장이 1일 취임했다.

김 원장은 취임사에서 "강원도 산업을 선도하는 거점기관으로서 사고의 전환을 통해 과정과 결과를 중시하는 성과 위주의 조직으로 혁신해 나갈 것"이라며 "조직원간 열정과 화합을 통해 시너지 효과를 거두어야 할 것"이라고 밝혔다. 향후 발전방향에 대해 "생명건강산업의 글로벌 메가-네트워크거점이 되도록 할 것"이라고 의욕을 보였다.

김 원장은 평창출신으로 삼성전자 정보통신 시스템사업부문 그룹장으로 재직했으며 시스코시스템코리아, 델컴퓨터코리아, F5네트웍스코리아 사장을 역임했다. 삼성전자 재직 시 삼성그룹 최고 영예인 '명인'에 선정되기도 했다. 김용욱 전 평창군수가 부친이며 김영교 평창영월정선축협 조합장이 동생이다.

아버님 전상서

무더운 여름철이 서서히 물러가고 여름에 뿌린 땀의 결실을 거두어들이는 가을철로 접어들었습니다. 그동안 안녕하셨는지요. 저는 늘 염려하여주시는 덕분에 맡은 일을 소신껏 해나가고 있습니다. 저는 언제나 우리 가정의 자랑을 항상 서로의 이해와 자신의 일을 잊지 않고 믿으면서 인내와 끈기로 생활해 나가고 있는 부모님에 대하여 생각합니다.

저의 중학교 전문학교 시절, 집안의 어려웠던 일을 아직도 잊지 않고 있습니다. 그러나 그때마다 결단성과 과감한 추진력으로 일으켜 세우시던 부모님에 대하여 항상 고마움을 느끼고 있을 뿐 아니라 자랑으로 여기고 생활하고 있습니다. 어려웠던 지난 일을 거울삼아 이제는 화평스럽고 즐거운 분위기의 집안으로 성장해 나가야 할 때라고 생각합니다. 매년 되풀이되는 집안 분위기가 계절에 따라 변한다면 별로 뜻있는 일이 되지는 않은 줄로 압니다.

아버님! 이제 아버님은 50을 바라보는 중년 이십니다. 중년은 모든 것을 이해하실 수 있는 때 아닙니까. 부디 저희 집안이 늘 평화스러운 분위기를 유지하는데 신경을 써서 집안을 대표하시는 분으로서 저희들을 항상 보살펴 주십시오. 영교는 더욱 지금 큰 농장의 꿈을 불태우는 젊은이 아닙니까. 희망에 불타는 젊은이에게는 계속적인 용기를 북돋우어 주시는 분이 필요합니다.

이제 저희 3남매는 어디서나 떳떳이 부모님을 자랑으로 여기며 꿋꿋이 훌륭하신 부모님 덕분에 현재에 이르렀다고 고맙게 생각하며 생활하고 있습니다. 요즘은 문명의 발달에서 오는 재해가 부쩍 많기에 신경이 써집니다. 차량 오토바이 등등은 늘 조심하여야 사고의 위험이 따르지 않습니다. 아버님께서는 저희 자식들의 성장을 끝까지 지켜봐 주시고 용기를 잃지 않게 하여주십시오.

집안의 화목에 저희 자식들이 할 수 있는 일이 있다면 무슨 일이든 할 수 있는 각오가 되어 있습니다. 아버님께서도 좀 더 명랑한 가정이 되도록 힘써주십시오. 조용한 사무실에 혼자 앉아 불현듯 펜을 들었습니다. 잘못 말씀 드린 것 있으면 용서하여 주시길 빕니다. 그럼 아버님의 건강과 가정에 행운을 빌면서 줄입니다.

안녕히 계십시오.

1978. 8. 24. 인교 올림

어머님 전상서

지루하고 무덥던 여름이 한차례 홍수와 함께 한풀 꺾인 듯이 이젠 제법 가을을 느끼게 합니다. 조석의 온도차가 심한 변절기에 어머님의 건강은 좋으신지요. 저는 늘 부모님의 따뜻한 날개아래에 몸은 멀리 떨어져 있어도 항상 포근한 어머님의 얼굴을 대하는 듯 건강하게 군 생활에 충실하고 있습니다.

어머님! 이제는 우리나라도 중진국 대열에 서서 변해가는 세계 속에서 우리가 나아갈 길을 굳건히 찾아나가는 이른바 발전도상에 있다고 생각합니다. 한 나라의 발전은 적게는 개인의 발전이고 가정의 발전이며 사회의 발전에 기인하는 것이 아니겠습니까. 그렇다면 우리 집도 세계로 뻗어가는 한국의 국세와 같이 가세가 점점 커져서 한 가지 목표를 향해 그 세력을 넓혀가고 있는 중이라 생각됩니다.

어머님! 요즈음 사회는 적도 친구도 없는 사회라고 생각합니다. 오늘의 친구도 내일의 적이 될 수 있습니다. 그러나 우정과 애정으로 맺어진 선은 결코 조그만 이익에 묶이어 얽매이지 않습니다. 몇 년 전부터 내려오는 우리 집안의 계절적 걱정거리는 이제는 새로운 방향에서 깊게 생각해야 할 때가 되었다고 봅니다.

걱정 없는 집안은 없겠지만 주기적으로 반복되는 걱정을 계속 되풀이하고 있다는 것은 발전이 없다는 것을 의미합니다. 요즘 사회에서 계속 개발, 발전해 나가야 남에게 뒤떨어지지 않음에도 제자리걸음을 하고 있다는 것은 후퇴하고 있는 거나 다름이 없을 줄로 압니다. 어머님의 진정한 걱정거리는 무엇인지 깊게 생각해 보십시다.

금전관계입니까. 자식과 부모간의 갈등입니까. 걱정을 많이 한다는 것은 생각을 많이 하는 것이니까 나쁘게만 말할 수는 없으나, 걱정은 걱정으로 마치고 새로운 방향으로 일을 만들어 나가야만 걱정에서 생기는 여러 가지 문제가 바람직하게 이루어져 나가며 집안에 좀 더 새로운 분위기가 형성되어 즐겁고 명랑한 가족이 되리라고 저는 생각합니다.

한 집안에서 어머님의 얼굴은 그 집안의 분위기입니다. 아버님이 웃으신다고 저희 식구 전부가 웃을 수는 없습니다. 어머님의 경우에는 다르지 않습니까. 이제 우리 집안에는 밝은 장래가 보이고 있지 않습니까. 그렇게 어두운 면만 있는 것은 아니잖습니까. 특히 영교는 자기의 생의 목적을 농장에 두고 자기 몸을 사리는 법 없이 겁도 없이 자신 있게 자기 앞을 개척해 나가려는 젊은이입니다.

젊은이들 앞에서 부모님들이 나약한 면을 보이시면 그들은 실망합니다. 혜영이는 또한 꿈 많은 소녀 시절이온데 그 소녀의 꿈을 항상 자극시킬 수만은 없지 않아요. 이제 저희 집안은 어떤 어려움도 딛고 일어설 수 있는 기반을 다지고 있는 시기 아닙니까.

어떤 돈을 많이 쌓아 놓는 것보다 값진 것 아니겠습니까. 어머님, 부디 밝은 전망 속에서 부모님이 항상 즐겁게 생활해나가는데 더욱 노력하여 주십시오. 어떤 고충도 겪어 오신 부모님 아니십니까. 어머님이 늘 걱정하고 계신다고 드리는 말씀이 아니라 걱정은 걱정으로 끝내고 새로운 분위기 조성에 노력하셔야지요.

이제 저희 자식들의 걱정은 어머님의 건강입니다. 새로운 각도에서 집안의 살림을 주도하셔서 부모님의 건강에도 깊은 관심을 기울여 주시길 바랍니다. 절대로 부모님께 걱정만 끼치는 자식들이 되지 않을 것을 약속드립니다. 갑자기 부대에서 근무 도중 여러 가지 말을 늘어놓았습니다. 용서바랍니다. 그럼 이만 줄입니다.

안녕히 계십시오.

1978. 8. 23. 인교 올림

▲ 김인교

존경하는 나의 아버지

▲ 김영교

아버지께서는 진부면 상월 오개리 뒷골이라는 시골에서 1933년에 태어나셨다. 할아버지께서는 19살 때부터 평생 훈장을 해오셨으며 큰터, 노동리, 이목정까지도 다니시면서 훈장을 하셨다. 천성적으로 엄한 성격의 소유자이셨으나 가까이 접하면 춘풍처럼 항상 인정이 많은 분이셨다고 한다.

나의 아버님은 5남매 중 막내로 태어나 장질 조카와 동갑 나이어서 조카와 같이 크시면서 아무리 훈장집이라고는 하나 찢어지게 빈궁한 생활은 어쩔 수 없었다고 한다. 그때만 하더라도 진부면에 교육기관이라고는 소학교 밖에 없어서 시오리 길을 줄곧 걸어서 진부초등학교에 다녔으며 겨울이면 삭풍이 부는 진밧두리 바람을 맞으며 구르개 재를 넘어 다니시느라 무척이나 고생을 많이 하셨다고 한다.

진부초등학교를 20회로 졸업하시고, 상급학교에 진학하기 위해서는 대화나 강릉으로 외학을 하여야하기 때문에 도저히 가정 형편상 엄두도 못 내고 집에서 농사일을 거들면서도 틈틈이 친척집에서 품앗이 등으로 일손을 도우면서도 못내 초등학교 교사가 되겠다는 결심을 저버리지 아니하고, 틈틈이 독학으로 밤을 지새우며 나름대로 초등학교 교사를 위한 실력과 자질을 꾸준히 쌓아가셨다. 다행스럽게도 기회가 주어져 거문초등학교 보조교사로 임명을 받아 근무하다가 어려운 준교사자격 시험에 합격하여 용전초교에 첫 발령을 받았으며, 뒷날 도돈초, 거문초, 도암초, 횡계 분교 등에서 13여 년간 교편에 몸을 담아오셨다.

당시 지척인 아랫집에 살고 계시던 어머니와 연이 닿아 19살 때에 결혼을 하여 2남 1녀를 두게 되었다. 용전초교에 첫 근무를 하면서 영교를 낳았으며, 학부형들과도 거리감을 두지 않고 친밀하게 지내셨다. 한편 도돈초교에서 여러 선생님들과 평창강에서 물고기를 잡으며 주위 분들과 재미있게 지내던 기억은 오랜 세월이 흐른 뒤에도 소중하고 아름다운 정신풍경에 담아 간직하고 계시는 것 같다.

고향 거문초등학교에 다시 부임하신 뒤에는, 집에서 벌도 치며 어려운 살림에 조금이라도 보태시려고 노력하기는 하였으나, 늘 아이들과 어울려 다양한 놀이를 비교적 즐기셨으며, 선천적으로 타고난 성품이 다소 멋 부림을 좋아하신 탓에 씀씀이가 심한 편이셨다.

때로는 큰 재를 넘어 아이들을 인솔하여 대화까지 가서 축구시합을 하시는 등 쓰임새가 많아서 월급봉투를 거의 집에 가져오지 못한 경우가 많았음을 뒤늦게 후회하신 것을 몇 번 인가 목도하였다. 특히 거문리에 거주할 때 차가 다니지 못하여 최돈각이라는 분과 길을 조금이라도 넓히려고 무단히 애를 쓰실 정도로 비교적 의협심이 강하셨으며, 특히 민선인 평창군수로 재직할 당시에는 다른 사업보다 어렸을 때부터 소망하던 길들을 넓히고 포장하는 업무에 주력하였으니, 이 같은 실적은 당신께서 오랜 날의 뜻을 세우고 마침내 이루어낸 실로 노력의 소중한 결과라 아니할 수 없다.

그러다가 횡계리에 문중 땅이 있는데 할아버님을 거기다 모시게 되자 문중 땅을 일궈 농사를 해보시겠다는 꿈을 안고 1964년 도암초교에 부임하시어 낮에는 학교에서 아이들을 가르치시고 이른 새벽이나 밤늦게까지 괭이 한 자루로 거문리에서 오신 동료들과 같이 풀뿌리를 뽑아내고 나무를 베는 등 노력을 많이 하여 이웃사람들에게 평생 저렇게 일 많이 하는 사람은 처음 본다는 얘기를 들었다고 한다. 당시 어머니께서도 어린 딸을 등에 들쳐 업고 1킬로미터나 되는 먼 거리를 하루 다섯 차례나 밥을 해다 날라주며 외나무다리를 건너다가 떨어져 물에 빠져서 엄청난 고생을 하셨다.

그렇게 해서 농사를 지었으나 별로 소득을 올리지 못하여 갖은 고생을 하면서도 굴하지 않으시고 농사를 계속 해오시다가 1968년 교직을 그만 두시고 본격적인 농사를 시작하게 되었다. 퇴비 욕심이 남다르셨던 아버지께서 여름이면 장정을 여러 명 불러다가 '어라리여!'를 외치면서 퇴비를 하여 산더미 같이 퇴비더미가 불어가던 모습은 오랫동안 잊혀 지지 않는다.

우리가 횡계에 처음 오던 내가 7살 때, 간단히 보따리 몇 개 챙겨 가지고 횡계초교 앞다리에 내렸는데 짐을 미쳐 다 내리지 못한 상태에서 버스기사가 차를 출발시켜 어머니께서 다리 너머까지 매달리셔서 보따리를 내리던 모습과 이사를 하고 나니 겨우 쌀 한 말 살 정도의 돈으로 시작하였으며, 최종학 선생님 뒷방 사방 6자 단칸방에서 다섯 식구가 발도 제대로 뻗지 못하고 자던 기억은 지금 돌이켜 보아도 너무 선명할 뿐이다.

그 같은 정황에서 부엌도 제대로 없어서 모진 추위 속에서도 내걸이 솥을 걸고, 심한 연기를 맡아가며 어렵게 밥을 끓이시던 어머니에 대한 생각은 지워버릴 수 없는 아련한 추억으로 남아 있을 뿐이다. 그렇게 김진성 씨 댁에서의 셋방살이를 거쳐 미현네 집에서 정말로 눈물겹게도 집터를 내주어 너무나 어려운 상황에서도 집을 지으시던 아버님의 모습은 눈을 감아도 못내 마음을 저리게 한다.

그러던 어느 날인가, 밤늦게까지 집을 짓느라고 돌아오지 않는 부모님을 기다리다 잠이 들어 방에 불이 나서 큰일이 날 뻔 했던 일 등은, 지금도 비바람이 몰아치는 깊은 밤이면 주마등처럼 나의 뇌리를 스쳐가곤 한다.

형이 어렵게 경포중학교에 합격을 하였으나 학비가 없어 진학을 늦추자는 어머니와 어떻게든 보내자고 다투시던 모습은 지금도 기억에 선명하다. 기억을 되돌리면 그 당시 너무나 가난한 나머지 찬방에서 이불을 쓰시고 늘 근심걱정으로 누워계시던 어머니의 모습은 못내 나를 슬프게 한다.

이렇게 농사일도 여의치 않자 아버지께서는 애써 일구신 농토를 3년 간 임대를 주기도 하였으며 1970년에는 배추 장사를 하신다고 김해로 떠나셨으나 장사가 여의치 않아 돌아오실 차비가 없어 돌아오시지 못한다는 사실을 인편에 전하여 들으신 어머니께서 직접 가셔서 아버지를 모시고 함께 돌아오시던 일도 기억에 새롭다.

특히 초등학교 6학년 때는 문교부 장관상을 내가 수상하였는데 부모님이 도대체 얼굴 한 번 내밀지 않자 교장선생님께서 상장을 다시 가져오라고 하셔서 눈물을 흘리며 갖다드린 적도 있었다.

어린 마음에 깊은 상처를 받았지만, 가정의 부채는 안타깝게도 자꾸 늘어만 갔다. 이런 와중에서도 아버지께서 어떻게 하던지 실타래처럼 풀리지 않고 자꾸 꼬이는 어려운 현실을 조금이나마 풀어보고 해결하려는 일념으로 지역에 동아일보 지국을 맡아 운영하셨기에, 6학년 초등학교 시절부터 나의 신문배달은 그렇게 시작되었다.

비가 오나 눈이 오나 열심히 신문 배달을 하였으나 수금이 영 신통치 못하여 별로 재미를 못 보았으나, 행여나 한집이라도 빠트리고 건너 뛸까봐 가가호호를 확인하며 열심히 신문을 돌렸다. 그때만 하더라도 앞집에서 물을 길어다 먹을 때이라, 어머니께서 늘 물을 길어서 나르며 고생하시는 것이 너무나 안타까워 가마솥에 물을 매일 찰랑찰랑 넘칠 때까지 길어다 드렸다.

그뿐만이 아니라 얼마의 시간이 날 때마다 감자구덩이파기, 나무패기, 눈치기 등의 집안의 일은 늘 내 몫이었으며 나는 그럴 때마다 전혀 부모님이나 가정 형편을 원망하지 아니하고, 즐거운 마음으로 항시 이 같은 크고 작은 일들을 해왔다. 그러던 1970년 겨울 어느 날, 하룻밤을 자고 나니까 생전 처음 겪는 상황이었지만, 울타리까지 눈이 쌓여서 집 밖으로 나간다는 것이 쉽지 않았다. 지금 생각하면 아마 2미터는 온 것 같은데 앞집까지 가는 데만도 이틀 정도 걸렸으며 눈을 퍼다가 녹여서 며칠 간 물을 끓여 식수로 사용하였다.

당시에 나는 횡계초교의 초대 전교 어린이 회장을 맡고 있었으나 무슨 생각이 들었는지, 중학교에 진학은 하지 않겠다고 강하게 반발하며 부모님과 선생님의 속을 상하게 하며 버틴 적이 있었다.

대부분의 아이들은 학교를 보내주지 않으면 보내달라고 한다는데 나는 끝까지 중학교 진학은 안 하겠다고 우기다가 동료들이 중학교 교과서 다 타가지고 가고 난 어느 날에야, 아버님께서 '너 정말 진학 안 할 거야!' 하고 야단을 치시고 진학하라고 강권적으로 엄하게 말씀하셔서 겨우 등록금을 내고 진학을 하였다.

아마도 너무나 집안 형편이 어려웠기 때문에 어린 마음에도 부모님이 생활에 쪼들리는 것이 못내 마음을 아프게 하여 그랬던 것 같은데 아무래도 엉뚱한 면이 나에게 있었던 것 같다.

학교를 다니며 신문배달은 계속 하였고 학교에서 돌아오기 무섭게 교복도 벗지 않고 밭으로 달려가 무거운 돌을 빼내며 파종 상에 물도 주며, 부모님이 시키지도 않았는데, 김도 매고 농약을 치는 등 공부보다는 일을 더 즐겨하였다. 중학교 2학년 무렵, 어느 날은 등교하기 바쁘게 납부금을 못 냈으니 집으로 돌아가라고 담임선생님이 말씀하셔서, 그 길로 집에 울면서 돌아왔더니 마침 목찬균 씨 댁에서 샐러리와 양상치 모종을 아버지께서 가지고 오셨는데 가식을 하여 놓고 적정 온도를 맞추느라 거적을 덮었다 벗겼다 하면서 너무도 힘겹게 농사일에 정신없이 쫓기고 계시기에 한순간 부모님에 대한 원망과 가난으로 인한 서글픔도 잊고 아버지 옆에서 열심히 온도계를 들여다보던 기억은 그저 새롭기만 하였다.

물론 우리 형편보다도 더 어려운 아이들도 많이 있었지만 거의 대부분이 수학여행을 떠났으나 집에는 수학여행 간다고 얘기도 하지 않고 그 기간 동안 부모님을 도와 농사일을 하던 것을 돌이켜보면 나라는 인간은 꽤나 한심했던 녀석임에 틀림이 없을 것이다.

초등학교 시절 부모님께서 차항에 임대를 얻어 농사를 짓고 계셨는데 일이 늦게 끝나셨는지 날이 어두워도 돌아오시지 않았다. 동생과 같이 대문 밖에 나가서 오랜 시간 기다리다가 그래도 늦은 시간까지 오시지 않아, 동생과 같이 하나에서 천까지도 세어보고 다시 백까지도 숫자를 헤이면서 부모님을 기다리던 모습은 지금 생각해도 못내 코끝이 찡하게 아파올 뿐이다.

그러던 10월 어느 날, 아버님께서 갑자기 부르시더니 "너 강릉으로 전학가라."고 말씀하셔서 비록 어린 나이었지만, 당시 우리 가정의 형편을 너무나 잘 알고 있던 내게는 의외의 말씀이셨다. 아버지의 말씀이 완강하셔서 영문을 모르면서도 그렇게 하겠다고 말씀드리고 흔히 얘기하는 도시로 외학의 길을 떠나게 되었다.

일단, 아버님께서 잘 아시는 분의 댁에서 하숙을 하였는데 초겨울 어느 날 오후에 수업시간에 아버님께서 보내신 편지를 뜯어보게 되었다. 사연인 즉, 집안 형편이 어려워 어쩔 수 없이 집을 팔고 셋방으로 가셨다는 말씀과 함께 "너는 집안 걱정을 하지 말고 오로지 열심히 공부만 하여라."는 말씀을 읽는 순간, 그만 애써 울음을 삼키며 한없이 뜨거운 눈물을 철철 흘릴 수밖에 없었다.

그 어려운 와중에서도 자식 잘되기를 바라며 외학을 보내주시고 편지까지 써주신 아버님의 넓으신 마음을 가슴에 안고 보다 성실하게 꿈 많은 학창시절을 보내게 되었다. 우리가 살아가면서 자기가 살고 있는 집을 몰라 몇 번이나 물어서 찾아가본 사람이 얼마나 있을지 모르겠지만 2학년 겨울방학을 하고 깜깜한 겨울밤에 우리 집을 물어물어 찾아간 적이 정말로 나의 기억 흔적에 남아 있다. 지방의 명문 고등학교인 강릉고등학교 1학년 재학시절에 새로 지은 우리 집을 찾아가느라고 애썼던 당혹함을 영화의 한 장면처럼 내 자신은 몸소 체험한 바 있다.

정말로 어려운 가정 형편 중에서도 아버지가 혜영이를 강릉여중에 전학을 시켜주셨다. 까닭에 우리 남매는 옥천동에서 자취를 하게 되었으며 이후 내가 고등학교 졸업할 때까지 그 같은 생활은 계속 되었다. 강릉고등학교의 입학식 때 교장 선생님이 강조하신 치사 중에 "지금부터 여러분들은 3년 내내의 시간 동안 오로지 학교와 가정 간의 외길만 다니고 옆길을 절대로 생각해서는 안 된다."는 말씀이 심장에 화살처럼 깊숙이 날아와 박혀 3년 남짓한 시간 동안을 정말로 학교와 자취방을 오가며 열심히 하려고 몇 번이고 다짐을 하였다. 그러나 솔직한 고백이라면 같은 동급생들에 비해 워낙 기본실력이 약하고 부족한지라 열심히 노력을 하였으나 결과는 늘 다른 친구들에 견주어 신통치가 못하여 성적은 처질 수밖에 없었다.

한번은 고등학교 1학년 무렵이었던 것 같다. 모처럼 집에 올라간 나는 당시에 아버님께서 유천리 호명리까지 밭을 얻어 농사를 지으실 때라, 멋진 아버님의 오토바이 뒤에 타고 농장을 따라 오가며 일손을 돕기도 하고 낯선 주변을 다니며 구경을 하다가 진부에 있는 강원식당에서 쇠고기를 사주시어 난생 처음으로 정말로 포식을 하였다.

집으로 오는 길에 농장에서 비포장도로인 횡계까지 오면서 싸리 재 정상에서는 어찌나 배가 아픈지 차라리 걸어서 가고 싶었던 기억도 있다. 어쩌다 강릉에서 시골집에 올라오게 되면, 양채류 농사를 많이 해서 모종을 계속 키워야 하기에 어머니께서 물 주시는 일을 자주 돕지 않을 수 없었다. 그러다 보면 어느 때는 교복을 입은 채로 팔을 걷어 부치고 100여 통이나 넘는 물을 퍼서 나르느냐고 온몸이 지쳐왔지만, 땀에 온몸이 젖는 육체적 노동인 농사일은 놀랍고 감사하게도 그저 나를 즐겁게 하여 주었다.

강릉고등학교 인근의 농가가 있는 집에서 3년 간 여동생과 같이 자취를 하였는데, 다소 연로하신 주인집 아저씨 내외분께서는 붙임성이 좋은 내가 가끔 일을 잘 도와드리니까, 리어카를 끄는 등 비교적 힘겨운 일을 늘 남겨 두었고 주말이면 즐거운 마음으로 종종 도와드리기도 하였다.

이렇게 어려운 가운데서도 외학을 보내주신 부모님께 감사한 마음과 학생의 신분이라는 것을 명심하고 공부를 열심히 하려고 몇 달씩 밤까지 새워가며 교실에서 잠을 자가며 노력을 하였으나, 워낙 기초과목이 뒤진 터이라 학업에 집중이 되지 않아 그저 스스로 속을 끓였다. 그런 관계로 인해 막상 마음을 다그쳐 먹고 책상에 앉아서도 주의 집중이 되지 않고 가끔은 생각과는 달리 대관령의 푸른 초원과 농사 짓고, 소를 키우고 있는 나 자신을 그려보는 상상력이 발동되어 학업성적은 안타깝게도 향상되지 않았고, 또 막연히 기대한 만큼의

성과는 있을 리 없었다.

부모님께서 배우지 못하셔서 자식 3남매를 대학까지 보내는 게 가장 큰 목표였던 부모님의 간절한 소망을 들어드리지 못하고 이렇게 성과가 없이 무의미한 공부를 할 바에는 부모님도 도와드리고 내가 좋아하는 농사일을 할 것을 몇 번인가 마음속으로 다짐하였다.

내 자신이 자긍심을 상실한 채 이미 대학진학을 포기한 해이된 정신 상태로 마지못해 형식적으로 치른 시험에서 낙방을 하고 장한 뜻을 세운 것처럼 '앞으로 부모님을 도와 농사를 짓겠다.'고 말씀을 드리자 부모님이 낙담하시는 것은 말할 것도 없었다.

옆에서 이를 지켜본 인교 형은 몹시 성을 내며 나의 뺨을 강하게 때리면서까지 나의 마음을 돌리려 하였으나, 이미 나름대로 우직한지는 모르지만 모질게 마음을 다잡아먹고 결심한 일이라 죽기 살기로 버틸 수밖에 없었다.

일단, 나름대로 뜻을 세운 일이라 부모님은 물론 주위의 사람들에게도 농사를 짓는 일에 진정성을 보여주어야 한다는 생각에 주저하거나 머뭇거림 없이 곧바로 팔을 걷어 부치고 무지할 정도로 농사일에 온몸을 던졌다.

운명처럼 어쩔 수 없이 이렇게 부모님의 마음을 아프게 하였지만 어려웠던 시절에 다른 형제들을 위해서도 최선의 선택이 아니었던가 생각하면, 자기변명이나 합리화는 아니지만 아무런 후회도 없다.

내가 농사를 짓던 첫 해는 아버님께서 평생 땅 한 평 가져 보시지 못한 터라 임대료를 주고 빌린 땅에서 농사를 지었는데 거기다가 아버님께서는 후배 몇 분과 같이 오대천에서 골재 채취사업을 하신다고 나가 계시는 정황이었다. 막상 체계적인 농사일을 체험을 통해 익히지 못하였기에 의욕만 있지 사실 아무 것도 모르는 무지하기 짝이 없는 나와 어머니는 하루 종일 정신없이 뛰어다니며 물불을 안 가리고 열심히 농사일에 주력하였다.

이 같이 사생결단으로 노력한 결과 아버님께서 몸소 사업을 하여 손해를 많이 보셨음에도 불구하고 부모님 생애 처음으로 등기상 당신의 소유로 정말 꿈처럼 초지 밭 3만 평과 대지 82평을 살 수 있었다. 그 누구도 예상할 수 없었지만, 이렇게 첫 농사 치고는 대성공을 하였다.

그동안 안반대기에서 힘든 지게질을 하며 넘어지면 코다 닿을 것만 같던 가파른 밭을 힘겹게 오르던 일, 어머니와 걸어서 안반대기까지 가며 김을 매고 약을 치던 일, 때로는 휘영청 밝은 가을 달을 쳐다보며 G.M.C 뒤 칸에서 감자가마니 위에 몸을 싣고 처량한 생각을 하며 오가던 일, 이모네 밭에 양상추를 심어서 군납도 하며 푹푹 찌는 날씨에 갈증에 고통을 참아내며 작업하다 폭우를 맞던 일 등이 오래도록 기억에 남아 있다.

1977년 가을에는 전국적으로 축산 붐이 일어났다. 우리 집 또한 젖소 송아지 5마리를 입식하여 집 앞의 임시 창고에 거적을 두르고 구유를 만들고 하여 젖소를 키우게 되었다. 젖소에 관해서는 전혀 지식이 없어 교육도 받고 책을 살펴 가면서 겨울을 넘기고 바쁜 농사일 짬짬이 풀을 베어다가 소에게 먹이는 일로 정말 눈코 뜰 새 없는 강행군 속에서 '죽기 아니면 까무러치기'를 주문처럼 내 자신이 뇌까리면서 농촌생활을 계속하였다. 또 그해 새해를 맞으면서 몇 가지 자신에 대한 약속을 '결코 포기하거나 넘어지지 말자.' 이렇게 스스럼없이 다짐해 보았다.

78년에는 호명리 당근 농사, 진부면 감자 농사 등 사방팔방에 있는 농토를 찾아 경운기를 무섭게 몰며 리어카 분무기를 끌며 분주하게 농사를 지으며 소의 마리수를 늘여 갔다. 다행히 기대 이상으로 농사를 지은 결과 농사 풍작이어서 다시 용산리 땅 5,000평을 싸게 살 수 있었으며 한두 마리 불어난 소마저 20여두가 넘어 고생을 하였지만 실로 보람이 있는 한 해를 마감할 수 있었다.

긴 겨울 동안 집에서 멀리 떨어진 마을 우사에서 책을 보며 소도 살피면서 겨울을 보내면서 드디어 젖소 송아지를 분만하게 되어 기뻤다. 모처럼 '자연은 인간을 배반하지 않는다'는 가르침처럼 땀 흘리고 노력한 그 이상으로 점차 농토도 확장되고 그만큼 일도 늘어나서 보람을 접할 수 있는 축복된 생활이 이어졌다.

나는 매일은 아니더라도 매년 일기를 꾸준히 써 왔는데 매년 새해 각오를 다지곤 하였다. 그 중 신년 각오를 정리해 보았다.

1) 현실에 만족하며 충실히 보내자.

2) 남을 돕자.

3) 둥글게 살자.

4) 남에게 해를 끼치지 말자.

5) 부모에게 효도하자.

6) 교회에 열심히 나가자.

7) 연말에 최소한의 후회할 수 있도록 하자.

그러던 3월 27일, 군대에 가게 되었고 나약하고 의지가 약한 내가 강한 남자가 되어 돌아오겠노라고 마음속의 다짐을 굳게 하고 강한 신념을 지니고 군 입대를 하였다. 내 스스로 다짐한 7계명을 신조로 떠받들며 3년 동안의 군 생활을 열심히 하고 82년 1월 6일 국토방위의 국민 된 소임을 엄숙히 수행한 뒤 꿈에 그리던 귀갓길에 오르게 되었다.

나름대로 내가 군 복무에 충실히 임하는 그 시간대에 뒤늦게 들은 바이지만, 부친은 국가적인 소 값 파동으로 인하여 어쩔 수 없이 송아지 한 마리에 5,000원을 받는 등의 어려움과 설상가상 격으로 감자 농사 등도 잘 안되어 100포대 심어서 100포대를 캐는 등의 어려움과 또 100여 평의 우사를 짓는 등 너무 많은 일들과 어려움으로 인하여 삭발까지 하시면서 가열 찬 노력을 경주하였지만, 감당할 수 없을 만큼의 고생을 너무 많이 하셨다.

용산 밭을 만들기 위해 불도저를 오랫동안 썼는데 연말 추운 겨울밤 외딴 우사 방까지 애기를 업고 걸어 들어온 기사 부인에게 돈을 못주고 돌려보내는 아픔과 여러 가지 어려움으로 인해 평생 처음 애써 장만한 초지 밭 3만 평과 축산고등학교 앞의 집과 대지까지 다 팔아버릴 수밖에 없는 상황으로 못내 고통을 감수하셨다지만, 막상 내가 군 복무를 마치고 제대를 하고 나니 아쉬운 점도 적지는 않았다.

군에 있을 때 첫 휴가를 나와서 우사에 딸린 방에 있는 방문을 열고 '저 왔습니다.' 하고 들어설 때 부모님께서 내 사진 앨범을 펼쳐 보시고 있는 정황을 목격할 때는 뜨거운 눈물이 핑 돌았다. 이렇게 멀리 군에 가 있는 자식을 저토록 늘 생각해 주시는 부모님의 사랑에 새삼 감격하고 감사함을 절감할 수 있었다.

또 한 번은 여름휴가를 왔는데 당시 용산 밭길이 질어서 비만 오면 차가 잘 못 올라오는 지경이었다. 공교롭게 그때 배추작업을 한 차 해 가지고 올라오다가 못 올라와 G.M.C 한 대와 트랙터 두 대까지 어렵게 동원하게 되었다. 그래도 도저히 해결할 수 없어서 몇 번인가의 시도로 고생하다 끝내 끌어올리시는 모습을 안타까운 마음으로 지켜보기도 하였다.

이렇게 군 생활을 마치고 돌아와 보니 부채는 엄청나게 불어 있었고 조금 장만했던 재산은 다 날아가 버리고 굉장히 어려운 상황이었다. 그러나 젖소를 키우며 농사를 병행하며 열심히 할 수밖에 없었으며 농사는 잘 되었으나 부채는 좀체 줄어들지 않아 젖소를 17마리를 계속 팔아도 부족할 정도였다.

다행히 감자 농사와 양상추 값이 괜찮아 어느 정도 안정을 찾을 수 있었으며 수해 복구 사업으로 앞밭의 석축도 쌓을 수 있었다. 한 때는 경운기로 돌을 실어 나르다 손가락을 찧어 심하게 다치기도 하였다. 잠시 한 사람의 독자를 위하여 1982년 당시의 시간을 한번 뒤돌아보기로 한다.

4:30 기상 → 6:00 착유 → 7:00 착유 끝냄 → 8:00 청소 완료, 방목 → 종일 농사일함 → 18:30 저녁 착유 → 21:20 방에 들어감

이러한 생활이 계속 되었으나 힘든 줄도 모르고 항상 뛰어다니며 일을 할 수 있었고 부채도 어느 정도 정리할 수 있었다. 11월에 아무나 오게 마을 도서관을 만들어 운영하며 우사일을 병행하여 보람을 느낄 수도 있었다.

83년도에도 역시 젖소일과 농사일 등 반복되는 생활을 해 나갔으며 이른 아침 착유를 마치고 소떼를 몰고 초지로 방목을 시키고 나가노라면 상큼한 풀냄새와 함께 장화에 묻어나는 아침 이슬과 변화무쌍한 대관령의 자연과 함께 농가에서 피어오르는 굴뚝의 평화스러운 연기 등이 어울려 힘든 심신을 어루만져주는 듯하였다.

목장 일이라고 하는 것이 어떤 명절이라도 거르지 않고 해야 하는지라 애로사항이 있었으며 가까운 친구 결혼식에 가서라도 먼저 올 수밖에 없는 생활들이 힘들었지만 어쩔 수 없는

일이 아니겠는가? 젖소는 늘 많은 질병과 싸워야 하는데 툭하면 유방염에 걸리는 소들과 출산의 어려움, 버짐 등 각종 질병에 시달려야 했으며 농사일을 어느 정도 하면 건초, 엔실리지, 비료 뿌리기 등의 연속되는 일들 또한 힘들게 하였다.

워낙 많은 일들이 있으니까 나중에는 내가 일을 하는 것이 아니라 많은 일들이 나를 시키는 것은 아닌지 하는 생각이 들며 마치 내가 일의 노예가 된 것은 아닌가 하는 생각이 들 때도 있었다.

이렇게 바쁜 일과 속에 일 년을 넘기며 농사가 잘되어 땅이라도 조금 사야겠다고 생각하던 차에 마침 적당한 땅이 나와 1,650평에 1,550만원을 주고 샀는데 집에서 가까울 뿐만 아니라 평지밭이고 토질이 좋아 정말 다행이었다. 그 밭에서 다음 해 농사를 지어 일 년 만에 땅값을 뽑고 계속하여 높은 소득을 올려주고 있으니 얼마나 다행스러운 일인지 모르겠다.

83년 겨울에는 용평에 스키 패트롤이라는 제도가 생기면서 아침, 저녁으로 목장 일을 하며 농한기인 겨울철에 스키를 탈 수 있게 되어 여가 선용에 좋은 기회가 된 것 같다. 84년에는 집안에 많은 일들이 있었는데 주위 사람들로 부터 아버님께서 나의 부인 감을 정하시고 찾아가셔서 당신 딸을 며느리로 삼을 테니 순순히 달라고 하셨다는 얘기를 듣고 너무도 기가 막혀 아버님 말씀에 내가 아무리 순종을 잘 하더라도 백년지대사인 혼인문제 마저도 당사자인 아들과 한마디 의논도 없이 그런 말을 할 수 있으신가 하여 반발심이 다소 생기기도 하였지만, 순종하는 마음으로 내색하지는 않았다. 내심 어떤 여자이기에 눈이 높으신 아버님 마음에 들었는가 싶어 후배에게 슬쩍 물어 보았더니 정말 착하고 인품이 좋으며 자기 같아도 빨리 결혼하겠다는 얘기를 들었다. 또한 영동여고 생활관에 근무한다고 하니 선생님들 눈에도 들었을 것이라는 생각을 하고, 아버님 몰래 전화를 하고 만나보니 괜찮아서 몰래 사귀다 보니 아버님께 혹시 다른 여자를 만나나 하고 걱정을 하시기도 하였다.

몇 달 동안의 교제 끝에 10월 1일 약혼을 하고, 이듬에 3월 3일 결혼식을 올렸으니 이 또한 아버님께 감사한 일이 아니겠는가? 5월에 집을 새로 짓기로 하고 시작하는데 당시에 돈이 거의 없던 때라 혜영이가 교직생활을 하면서 모은 적금을 해약한 돈 150여만 원을 가지고 출발한 설계 자체가 무려 80여 평에 가까우며 당시 강릉에서 제일 잘 지은 집을 모델로 하여 3층으로 시작하였다.

첫째 며느리는 소똥 냄새가 코를 찌르는 축사방에서 보셨지만, 둘째 며느리는 함께 살 좋은 집에서 맞는다는 마음으로 집을 짓기 시작하였다.

역시 아버님다운 배포였으나 8천여만 원이라는 막대한 돈이 들어가는 그때 당시 우리는 생각도 못했던 집을 내장 또한 적송, 홍송 등 최고급 목재에 강릉에서 제일로 알아주는 목수들이 와서 집을 짓게 되었는데 무모한 행동이었을지도 모르나 다행히 농사도 잘 되었고 하여 12월 24일 입주를 하게 되었으니 하느님께서 도와주시지 않았으면 불가능했으리라는 생각 또한 든다.

새집에 입주하면서 여러 가지 생각을 하게 되었다. 어렸을 때 횡계에 이사 온 이래 8번의 이사를 거쳐 좋은 집을 지었는데 셋방살이 세 번을 비롯해서 여기저기 떠돌아다니며 이사를 거듭하였으며 외딴 우사에 있을 때에 형수님이 오셨는데 창문 하나 사이로 젖소와 같이 생활하는지라 방안에 있어도 소똥 냄새가 코를 찔러 코가 썩는 줄 알았다는 형수님의 말씀과 서울 며느리를 어떻게 우사에서 보느냐고 빈정거렸다던 동네 분들의 말씀 또한 있었다하나 어떻든 영동 고속도로 주변 집 중 가장 아름답게 지은 집에 들어가니 농사꾼으로서 뿌듯한 마음도 느낄 수 있었다.

그해 겨울 용평 스키학교의 강사로 근무하였으며 스키 심판으로서 출발 심을 보면서도 많은 성취감과 보람을 느낄 수도 있었다. 또한 '대관령을 푸르고 아름다우며 사랑과 인정이 넘치는 풍요로운 마을을 만드는 데 최선을 다하겠습니다.'라는 목표를 가지고 지역의 어른을 존경하고 선후배 간의 화합을 다지자는 취지 아래 대관령 상록회를 만들었던 일 또한 중요한 의미가 있었던 한 해였던 것 같다.

85년 3월 3일에 결혼식을 하였으며 이 해 목표를 다음과 같이 구체적으로 스스로 결의하기에 이르렀다.

1) 부모님께 효도하자.

2) 충실한 남편이 되자.

3) 열심히 하는 농사꾼이 되자.

4) 축산에 좀 더 관심을 갖자.

5) 이웃 간에 화목하자.

6) 친구, 친지와 화합하며 관심을 갖자.

7) 일기를 매일 쓰자.

8) 술에 만취하지 말자.

9) 절약과 절제 생활을 하자.

10) 잠을 많이 자거나 늦게 자지 말자.

(P.S 아버님께 절대 맹종하며 긍정적으로 생각한다.)

위와 같이 정하였으며 결혼도 하고 가정도 가졌으니 보다 더 책임감을 느끼며 열심히 노력하였으며, 11월 30일에 주형이를 낳아 정말 기뻤다.

아버님 전상서

아버님께 !

지난밤에도 편히 주무셨는지요?

오늘따라 집 앞의 냇물 소리가 상쾌하게 들리는 아침입니다.

오늘 아침에는 축협장 선거하던 때를 돌이켜 보았습니다. 아버님께서 축협장에 도전하시고 주위에서 별로 도와주시지도 않는 상황에서 아버님께서 혼자 생각하시고, 행동하시고, 노력하셔서 그 누구도 승리하리라 생각하지도 못했던 일을 해내셨습니다.

그때만 해도 무명에 잘 알려지지도 않은 상태에서 도전하셨던 사실이 엄청난 용기셨고 그 힘든 일을 이루고야 마시는 추진력은 정말 대단하신 일이라 생각됩니다. 그러는 과정에서 그러면 저는 어떻게 하였습니까?

아버님께서 엄청난 능력과 추진력을 가지고 모든 것을 훌륭히 수행하실 수 있는 자격과 능력을 가지고 계시는 데도 저는 그런 숨어 있던 아버님의 능력을 헤아리지도 못하고 미온적으로 아버님을 도와드리지 않았습니까?

돌이켜 보면 능력이 없으시더라도 아버님께서 뜻을 가지시고 추진하시면 무조건적으로 밀어드려야 하는데도 자식으로서 대단한 능력을 가지고 계신 분을 제 짧은 사고방식으로 선거에 임했던 부분은 분명히 잘못되었다고 생각하며 진심으로 용서를 빕니다.

또한 곰곰이 생각해 보니, 선거에 당선이 되어 그 어려운 일을 훌륭히 해내시고 성공하셨는데 돌아오는 길에 아버님 하나 챙겨주는 자식이 없는 가운데 한 시간여를 쓸쓸히 운전해 들어오셨을 아버님의 모습을 한번 상상해 보았습니다. 선거기간 동안 무척 힘들었고 그만큼 승리의 기쁨이 크셨던 상태에서 아버지 하나 챙겨 주는 자식 놈이 없다고 생각하셨을 때, 이 세상에 모든 부귀영화가 무슨 소용이 있겠나하는 허탈감이 크셨으리라는 생각에 이제는 아버지가 이해될 것 같습니다.

그런 생활에서 아버님을 모시고 들어올 수 있는 여유를 가져야겠다는 생각이 들었고 앞으로 그런 일이 있다면 신중히 생각해서 처신해야겠다는 생각을 하였습니다. 사실 저희도 3남매가 차를 다 끌고 나갔었고 그때 아버님 지지하던 분들이 늦은 시간에 차들을 안 끌고 오셨기에 택시로 사방집까지 가시도록 하였고 제 봉고 차에도 상당히 여러분이 타셨고 하여 집집마다 내려드리느라 경황이 없었다는 핑계를 댈 수도 있으나, 그 모든 것이 저희가 아버님의 마음을 이해 못하고 정성이 부족해서 생긴 일이라 생각하며 정말 죄송하게 되었습니다.

어제 저녁에는 앞 정원의 분위기가 너무 좋아 아이들과 같이 삼겹살을 구워 먹었습니다. 너희들 할아버지께서 이렇게 좋은 환경을 만들어 주셔서 이렇게 잘 지낼 수 있는 거라고 하였더니 고개를 끄덕끄덕 하였습니다. 밝고 명랑하게 자라주는 아이들의 모습을 바라볼 때 하느님께 감사하는 마음을 갖습니다.

이만 줄이겠습니다. 안녕히 계십시오.

1997. 7. 1. 둘째 영교 올림

아버님께

어제는 비가 제법 내리더니 오늘 주일날 아침에는 비가 그치고 조용한 날씨입니다. 횡계 본당에서는 그동안 누구보다도 본당 설립과 발전에 고생을 많이 하였던 5가정이 동시에 이사를 가게 되어 어제는 송별 파티를 하였습니다. 너무나 좋은 교우들이 하나둘 떠나가게 되어 너무나 서운하지만 하느님께서 빈자리만큼 더욱더 본당에 필요한 분들을 채워주시리라 믿습니다.

오늘 아침에는 아버님께서 평창 대관령한우 고기의 위상을 높이셨던 일을 생각해 봅니다. 일찍부터 조합이 판매 사업에 정열을 쏟아야한다고 생각하고 축협에 생축사업을 시작하셨고, 좋은 소를 입식하고 거세도 하고 평창 지역에 맞는 사양 기준표를 만드시는 등 생축사업을 활성화 시키면서 또한 마천동 한우 판매장을 개설하고 또 TV를 이용한다든지 하면서 언론에 홍보도 적절히 하여 평창 대관령한우 쇠고기가 품질인증을 받도록 추진하는 추진력이 밑거름이 되어서 이제는 평창 대관령한우 고기가 전국에서도 가장 유명한 쇠고기가 된 것이라 생각합니다.

명절 무렵이면 수십 마리의 소를 잡아서 많은 판매 사업과 좋은 고기를 공급하던 직원 분들의 모습을 생각하면 정말로 대단한 일을 하셨다고 생각합니다. 곰곰이 아버님과 저에 대하여 생각해 볼 때가 있습니다만, 누가 시키지도 않았는데도 어떻게 제가 아버님을 이렇게도 닮아 가는가 하고 생각하면서 '부전자전'이란 말을 떠올려봅니다.

운동장에서 중계방송을 그전에 아버님께서 하시곤 하셨는데 어느새 저도 운동장에 나가면 마이크를 잡고 중계방송을 하고 있으며, 아버님께서 옛날 노래자랑하면 심사위원으로 활약을 하셨는데 저도 심사에 대해서는 잘 알지도 못하면서 10여 년간을 심사위원을 하고 있으며 목소리도 아버님을 닮았고 튼튼하신 건강도 제가 많이 닮은 것 같습니다.

또한 아버님께서 예전에 학생들을 데리고 재를 넘어 대화까지 축구 시합하러 다니시는 등 아이들을 데리고 다니시면서 운동시합도 하셨는데 저도 여러 해 동안 아이들을 데리고 다니면서 스키 운동을 하고 있으니까 제가 생각해 보아도 신기하리만큼 아버님을 그대로 빼어 닮은 것 같습니다.

이런 제가 아버님 마음을 불편하게 해드리는 못된 아들이 되었습니다만, 조금 더 아버님을 따르며 이해하는 아들이 되고자 더욱더 노력하겠습니다. 오늘은 주일날입니다. 일주일 동안 너무 힘드셨을 것 같은데 하루 푹 쉬시면서 좋은 하루되시기를 바랍니다.

안녕히 계십시오.

1997. 7. 13. 둘째 아들 영고 올림

아버님께 !

지난밤에도 편안히 잘 주무셨는지요?

장마전선이 북상하여 비가 온다고 하더니 바람 한 점 없이 잔뜩 찌푸린 아침입니다. 올해 농촌 경기는 비교적 괜찮은 것 같습니다. 평창 지역은 잘 모르겠습니다만 진부, 도암 쪽은 상당히 농사 시작이 기분 좋게 출발하는 것 같습니다.

당근도 예년에는 그러했지만 금년에는 시세가 높게 형성되어 6,000~7,000원대에 거래되고 있고 무, 배추, 양상치 등 비교적 고르게 값이 형성되는 것 같아 다행스럽습니다.

작년 이맘때도 농촌경기가 무척 좋을 것이라고 단언을 하였다가 예측이 벗어났습니다만, 그렇게 확신을 하였던 이유는 아버님께서 큰 복을 타고 나셨고 대운이 있는 분이라는 확신 때문이었습니다. 아버님께서 축협장을 하시면서 소 값이 계속 높게 형성되었던 것이 결국 아버님이 하고자 하셨던 일이 높은 평가를 받게 되었고, 아버님께서 장려하여 소를 입식하였던 분들이 돈을 많이 벌어 모든 축협인들이 아버님을 높이 평가하는데 중요한 부분을 차지하였던 것이라고 생각합니다.

그런데 재임하시는 동안 계속 유지되었던 소 값이 아버님께서 그만 두시고 나니까 갑작스럽게 하락세가 유지되고 있는 이유가 아버님의 대운과 행운에 대하여 확신을 하고 있는 것입니다. 작년의 경기에 대한 제 예측은 벗어났습니다만 금년에는 이제 내년 선거를 열 달 정도 남은 시점에서 무조건 풍년 농사가 되리라는 확신을 갖고 있습니다.

곰곰이 생각해보면 작년의 불황 농사가 아버님께는 또 좋은 기회가 되었던 것 같습니다. 감자 값이 하락이 되고 팔리지 않으므로 아버님께 일이 생겼고 또 그러한 일을 누구보다도 열심히 하셔서 아버님의 능력을 더욱더 인정받는 일이 발생하는 것을 보면 저의 아버님에 대한 확신은 더욱 분명해집니다.

오늘은 임근성 형이 하루만 일을 도와 달라고 하여 일을 도와주러 가려고 합니다. 가서 열심히 도와주고 오겠습니다. 오늘 하루도 주님의 은총아래 평화로운 하루되시기를 기원합니다.

안녕히 계십시오.

1997. 7. 12. 영교 올림

▲ 2011. 12. 19. 김영교 출판기념회

멋있고 즐겁게 인생을 누리시는 아버지께

▲ 김혜영

안녕하세요? 이 못난 딸이 감히 좋으신 아버지께 편지로 용서를 빌고자 합니다. 먼저 저의 삶의 여정에 대한 이야기를 쓰려고 합니다. 이제 교직도 28년이 지나고 29년째를 지나고 있습니다.

아버지가 저를 대학에 보내기 위하여 그렇게 애쓰셔서 이렇게 떳떳하게 영어선생을 하고 있음에 감사드립니다. 그간 선생을 하면서 아픈 적이 많았기에 그만 두려고도 많이 했었습니다.

그럼에도 불구하고 지금까지 선생을 할 수 있었던 것은 첫째는 하나님의 은혜이고 둘째는 부모님의 은혜이며, 셋째는 함께 사는 남편의 은혜라고 생각하고 감사하는 마음을 갖고 앞으로는 조금 힘들더라도 참으면서 정년퇴직의 명예를 가지고자 하는 마음을 갖고 남은 10년을 아이들을 위해 아버지를 닮아 수업을 재미있고 유머스럽게 잘 해 나가리라는 다짐을 해 봅니다.

위에서 아팠다는 것 말씀드렸는데 지금으로부터 10년 이상 전부터 조울증을 앓았습니다. 좋을 때는 지나쳐서 오버하고 다운되었을 때는 아주 무기력해져 아무것도 하지 못하고 모든 것이 많이 힘들어지는 그런 병입니다. 10년 이상 이 병을 앓으면서 학생들에게도 많은 유익을 주지 못한 것도 사실이고 이 일로 인하여 엄마에게도 엄청난 걱정을 끼쳐드렸습니다.

무엇보다도 가장 곁에서 있었던 남편이 힘들었고 우리 우주, 은하가 힘들었습니다. 때로는 48시간 누워서 일어나지 않은 적도 있고 무표정한 표정으로 있을 때마다 학교의 학생들은 저를 무시하기도 했었습니다. 엄마가 돌아가시고 아버지께 대들고 우주 결혼시키고 은하 임용고시에 떨어지고 학교를 옮기면서 저의 우울증은 다시 또 심해졌습니다.

40일 아침을 굶으면서 새벽기도를 작정하고 이번 방학 내내 어디 가지도 않고 새벽제단을 쌓았습니다. 그 후 나아지기는 하여 입이 열리고 적극성이 생기고 웃음이 생겼지만, 근본적인 원인은 호르몬 과다 분비이므로 기도로만 되는 것이 아니고 약을 먹어야 하는 것이기에 평생 신경 정신과 약을 아침, 저녁으로 먹어야만 하지만, 그리 어려운 일은 아닙니다.

지금은 많이 모든 것이 안정되었고 행복한 삶을 살기에 남편의 마음도 편안해 졌습니다. 하지만, 언제 또 그 병이 도질는지 알 수 없기에 늘 관심을 가지고 저를 지켜보고 있습니다. 그렇다고 하여 제가 학교 아이들에게 인기도 없고 돈만 벌기 위해 다니는 그런 교사는 아닙니다. 아이들이 좋아하고 저도 아이들을 좋아하고 교사들과도 잘 지내고 학교생활이 즐겁기에 아버지의 가르침이 더 감사하게 느껴질 뿐입니다.

아버지! 엄마가 안 계시니 많이 외로우시죠? 그렇다고 제가 따뜻하게 아버지께 다가가는 딸도 아니고… 죄송해요. 아버지가 그 자리에 계셔주시고 건강하고 즐겁게 잘 사시는 것만으로도 감사드리고 살아야하는데 제가 너무 욕심이 많은가봅니다. 아버지를 즐겁게 못 해드리고 아버지를 섭섭하게 해 드리고 때로는 이렇게 저렇게 해달라고 조르기도 하니까 말입니다.

오늘 새벽기도회에서 목사님께서 회개가 믿음의 기본이라고 하여 회개를 생각해 보니 아버지께 불효한 죄가 많이 생각났습니다. 아버지를 고독하고 외롭게 해드린 것 그것 하나만으로도 너무나 큰 죄를 지었다고 생각합니다. 죄송합니다. 용서하세요. 앞으로는 조심하고 아버지께 잘 하지는 못하더라도 속을 썩이는 자식은 되지 않도록 노력하도록 하겠습니다.

그리고 며칠 전 옛날 사진을 정리하다가 저의 서울여대 졸업식에 오셔서 축하해 주셨던 아버지의 젊으셨던 날의 그 잘 생기신 사진이 엄마의 한복을 입은 모습과 지형이와 지형이 엄마와 함께 찍은 사진이 있어 행복했던 지난날을 생각하면서 사진을 다시 만들었습니다. 보시고 함께 행복을 나누시기를 바라고 앞으로 우리 가정이 행복한 가정이 되도록 노력하겠습니다.

부족한 이 딸이 늘 말로만 이렇게 죄송함을 빌게 됨을 송구스럽게 생각하며 아무튼 열심히 노력하도록 하겠습니다. 더 행복하시고 즐겁고 건강하게 사시기를 바라고 하나님의 은총이 늘 아버지와 함께 하시기를 기도드립니다. 우리 두 딸 우주, 은하 그리고 사위인 장창완은 할아버지를 무척 좋아합니다. 아버지께서 그들에게 잘 해 주시기 때문인 것 같습니다. 너무나 장점이 많으신 아버지가 자랑스럽습니다.

사랑합니다, 아버지!

그리고 우주와 사위는 원주에 39평 아파트 2억 4천만 원에 샀어요. 전세 1억 3천만 원에 다른 사람이 살도록 하였습니다. 둘은 지금 함께 태백시내에 있는 초등학교에서 근무하고 있습니다. 은하는 11월에 있을 임용고시를 위해 밤낮으로 열심히 공부하기에 좋은 결과가 있어 내년에는 당당하게 경기도에서 초등학교 선생님을 할 것을 예상합니다.

지형이, 우주, 그리고 주영이처럼 수형이, 주형이, 은하에게도 좋은 배우자를 만날 수 있을 것이라 생각이 듭니다. 이미 결혼한 아버지의 손자, 손녀들이 좋은 배우자를 만나고 귀엽고, 총명하고, 씩씩한 증손자, 증손녀들이 생기며 다들 집을 갖고 있고 직장도 갖고 그렇게 잘 사니 기쁘시죠?

참 우주도 태중에 있는 아이가 아들이랍니다. 시댁에서도 무척 좋아하고 남편과 시부모님의 많은 사랑을 받고 삽니다. 우리 수형이는 낮에는 신문기자의 직장생활에 충실하고 밤에는 건국대학교 대학원에서 열심히 공부하고 충실히 자기 앞가림을 하고 있습니다.

아직 취직이 확정되지 않은 주형이와 은하에게도 올해 좋은 소식이 있을 것으로 기대합니다. 주형이는 외국 어학연수도 다녀왔고 좋은 직장에 가기 위한 자격증 따는 데 1차는 이미 합격하였고 2차 시험이 10월에 있기에 이번 추석에도 공부하느라 집에도 못 왔습니다. 이만큼 요즈음은 경쟁이 치열합니다.

하지만 주형이는 대기업이나 공기업, 아니면 본인이 좋아하는 좋은 직장에 취직할 것을 기대하고 은하는 임용고시에 합격하여 내년에는 경기도에서 멋진 초등교사의 길을 가게 될 것을 기대합니다. 아버지께 손자, 외손녀가 큰 기쁨을 드리게 될 것을 기대하고 소망하며 새벽마다 기도합니다.

아버지를 위해서도 늘 기도드리겠습니다. 건강과 평안한 생활을 위하여 기도드리겠습니다. 우리가 모두 아버지를 닮아 글을 잘 쓰는 것 같습니다. 그것도 감사합니다. 모쪼록 행복하세요.

다시 한 번 멋있는 아버지의 생신과 자서전 발간도 감사드리는 딸의 마음을 담아 축하드립니다.

2011. 음. 8. 18.

아버지의 사랑을 너무 많이 받고도 투정부리는

많이 부족한 하나밖에 없는 딸 드림.

▲ 2010. 조카 결혼식에서 남편과 함께

제4부

후회 없는 삶

농축유통신문 회장을 맡으며

본지 회장에 김용욱씨 추대

『시시각각』 사설 기고

- 논두렁 밭두렁 -

농축유통신문 회장을 맡으며

어느덧 80이 되었다.

지난 세월 참으로 덧없이 빠르게 지나갔다는 회환으로 가득하다.

짧지 않은 세월, 참으로 많은 일들이 있었다.

험난한 세상, 거친 풍파가 있었지만 오늘의 내가 있기까지 많은 분들이 참으로 많은 사랑과 협조를 해 주셨기에 가능했었다 생각하며 가슴 끝에서 저며 오르는 감사를 드린다.

절망의 끝자락에서 나를 지탱해 준 동력은 아마 농업 농촌의 미래에 대한 도저히 끊어 버릴 수 없는 열정 때문이었으리라 생각해 본다.

형님과 친척들을 도와 품팔이로 시작한 농사일이 괭이 한 자루로 화전을 일구고 고랭지 채소와 씨감자 농사를 지으며 젖소와 한우를 키우며, 험한 일을 온몸으로 부딪치며 살아 왔고 대관령원예농협 대의원과 감사를 하면서 나보다 이웃 농업인들의 권익을 위해 몸소 실천 해 왔던 일, 평창군 유기농업 환경 연구회 회장을 하면서 친환경 농업의 필요성과 활성화를 위하여 노력해 왔으며 평창군수를 하면서도 농업 농촌이 살아야 한다는 일념으로 매진해 왔다고 자부해 본다.

농업은 나의 신앙이자 모든 것이나 마찬가지라고 생각하는 것은 교사를 그만두고도, 군수 직을 내려놓아도 항상 마음 든든한 것은 농업인으로 언제든 돌아 갈 수 있다는 믿음 때문이었을 것이다.

이제 모든 욕심내려 놓고 농업인 본연의 자세로 돌아와 80에 이르도록 직접 농사를 지으며 과연 남은 인생 농업농촌을 위해 무엇을 해야 하나 농축유통신문을 통해 농촌 살리기 운동을 통해 국가식량 산업인 농업인들을 위해 자그마한 소명이라도 담당해 보리라 다짐한다.

나 자신의 후회 없는 삶을 위하여.

농축유통신문

2008년
6월 2일
월요일
음력 4월29일

Agri-Livestock Marketing News (구)농민저널

본지 회장에 金容郁씨 추대

농사 지으며 농업인 고통 직접 느껴

본지는 6월2일자로 본지 회장에 김용욱씨를 추대했다.

김용욱 회장은 강원도 평창축협 조합장과 민선 평창군수를 역임, 농업과 농촌 현장에 남다른 식견을 가지고 있어 본지발전에 많은 기여가 있을 것으로 기대되고 있다.

김회장은 특히 교육사업에 남다른 애정과 열정을 가지고 교사자격증을 획득, 교사생활을 거친 입지적인 경력으로 화제를 모은바도 있다.

◇김용욱 회장

1936년 출생의 고령임에도 평창에서 양상추, 고냉지 배추 농사를 직접 짓고 있는 김회장의 남다른 농업사랑이 독자에게 많은 보탬이 될 것으로 보인다.

농축유통신문 2008년 6월 9일 월요일

국가자산 유전자원의 적극 보존을

논두렁 밭두렁

시시각각

김 용 욱 본지회장

인류의 무분별한 개발과 환경파괴는 필연적으로 재앙으로 변해 되돌아 올 것이라는 경고는 오래전부터 우리를 자극하고 있다. 이같은 재앙을 막기 위해 선진국들을 중심으로 지구온난화현상 차단에 열을 올리고 있다. 지난 97년 채택한 교토의정서도 그 하나다. 그러나 일부 국가는 남의 일 보듯하는 예도 없지 않다. 대표적으로 온실가스 최대 배출국인 미국은 이에 참여하지 않고 있다. 우리나라의 경우도 아직은 마찬가지다. 과학자들의 분석은 만약 남극의 빙하가 모두 녹아 내린다면 세계 해수면이 90m 정도나 높아진다는 것이다. 이 경우 저지대 주거지나 경작지는 모두 바닷물에 잠기지 않을 수 없다. 또 예측키 어려운 기상이변이나 생태계 교란도 피할 수 없게 될지 모른다.

'노아의 방주'종자 저장고

이 같은 엄청난 재앙을 예견하고 있는 각국은 앞 다퉈 종자보전에 총력을 기울이고 있다. 수천억원에 달하는 막대한 예산을 들여 종자은행을 설립하고 있는 것이다. 종자은행은 멸종위기에 처한 종자를 보전하고 유전자 공급원으로 이용키 위한 기능을 한다. 종자은행이 수집한 종자들은 유전자의 공급원이 되기 때문에 선택적인 품종개량을 통해 작물의 수확량·영양가·병충해에 대한 저항력 등을 개선하게 된다. 따라서 요새 수준의 종자은행을 설립하고 있는데 세계전역에 걸쳐 무려 1,300개에 이른다고 한다.

우리나라도 이러한 세계적 조류에 합류하여 본격적인 종자보전에 나섰다. 농촌진흥청이 우리의 종자유전자를 국제종자저장고(Svalbard Global Seed Vault)에 보관키 위해 지난 3일 1차로 현지에 보냈다. 이번에 보낸 종자는 5000여점이며 벼·콩·보리·채소·원예작물등 30여 작물의 재래종 종자와 농진청이 개발한 육성종이다. 앞으로 모두 1만3000여점이 국제종자저장고에 입고될 예정이다.

이렇게 보내지는 우리의 종자유전자는 노르웨이령 북극지역 스발바드섬 지하갱도에 설치된 저장고, 일명 지구 '최후의 날 저장고'에 입고하게 된다. 현대판 '노아의 방주'로도 불리어지는 이 저장고는 환경재해·핵전쟁 등으로 인한 지구 대재앙에 대비하여 세계각국과 국제농업연구기관이 종자은행에 보존중인 식량 농업 유전자원을 안정적으로 중복보존을 하기 위해 건립한 것이다. 유엔 세계식량농업기구(FAO)의 세계작물양성재단과 노르웨이 정부 주관으로 지난 2005년 북극 동토에 착공하여 올 2월 개관했다.

이 저장고는 노르웨이령 스발바드 제도의 스피츠베르겐 섬 지하갱도 130m 깊이에 3개의 보관소로 형성돼 있어 모두 450만점의 종자를 보존할 수 있도록 설계됐다. 보존온도는 영하 18도로 장기저장이 최적화돼 있고 위치자체가 영구동토층이어서 정전이 되더라도 연중 영하 4도이하로 유지된다. 따라서 지구의 기후 대재앙이 온다해도 식량농업의 기본재료인 종자 유전자원을 안전하게 보존할 수 있는 것이다. 이 보존계획에는 미국·캐나다·러시아·독일·네덜란드 등 세계각국의 종자은행과 필리핀 국제미작연구소(IRRI), 국제밀옥수수연구소(CIMMYT)등 국제농업연구기관이 참여한 전 세계의 공동 프로젝트다.

토종 종자 지킴이 기대

농진청은 이번 국제종자저장고 입고를 계기로 FAO가 인정하는 제2의 국제종자 안전보존소 공식지정을 보다 강력히 추진하겠다고 한다. 국립농업유전자원센터의 위상을 한껏 높여 세계적 종자은행으로 발돋움함으로써 우리의 종자유전자원을 확대보존하고 후대의 식량문제에 대비키 바란다.

농축유통신문 2008년 7월 14일 월요일

'고향맛집'에 초대합니다!

논두렁 밭두렁

시시각각

김 용 욱 본지회장

몇 해 전의 일이다. 무더위가 한창 밀려드는 이맘때쯤으로 기억된다. 공직생활 말기의 한 지인이 고향엘 다녀오겠다고 했다. 누님이 끓여주는 칼국수를 먹으로 간다는 것이다. 그의 고향은 경북성주다. 참으로 생뚱맞다 싶었다. 이 뜨거운 한여름에 웬 칼국수며 칼국수 한그릇 먹으려고 그 먼 곳까지 가느냐고 물은 것은 당연하다. 대학때부터 지금까지 서울에서 생활해 온 그는 어릴적 칼국수를 끓여 주던 누님의 손맛을 잊을 수가 없다고 했다. 곳곳의 소문난 칼국수 집을 숱하게 다녀봐도 그 맛을 느낄 수가 없었다고도 했다.

우리마을 향토음식은?

가야지 가야지 하면서도 찾지 못했던 고향을 큰맘 먹고 휴가철을 이용해 그 감칠 맛나는 칼국수를 꼭 먹고 오겠단다. 길 먼것이 대수냐며 이열치열도 모르느냐는 핀잔까지 더한다.

그는 어쩌면 돌아가신 부모님의 정을 더 그리워했을지 모른다. 어디 그 뿐이겠는가. 어릴때 동무들과 뛰놀던 아름다운 산야가 그를 반길 것이고 정든 벗들도 기다려줄 것이다. 그래서 어머니 품같은 고향은 언제나 좋은 것이 아니겠는가.

며칠 뒤면 휴가철이다. 앞의 예처럼 고향을 찾는 이들도 있을테고 확트인 바다, 맑은 계곡, 울창한 숲등 취향에 따라 도시생활로 지친 심신을 달래기 위해 모두들 떠날 것이다. 물론 요산요수(樂山樂水)도 좋다. 그러나 식도락가(食道樂家)의 욕구까지 충족시켜 준다면 얼마나 좋을까.

농촌진흥청이 자연의 정취를 듬뿍 느낄 수 있고 고향집처럼 편안하면서도 맛있는 음식까지 여유롭게 즐길 수 있는 그런 안식처로 안내한다. 좀 생소한 이름이긴 하다. '농가맛집'이 그 곳이다. 이 농가맛집은 농진청이 지난해부터 향토음식의 자원화를 위해 추진한 사업의 하나다. 농촌체험마을이나 솜씨를 갖고 있는 농가가 직접 재배한 건강 식재료로 만든 음식을 먹거나 만들어 봄으로써 지역의 역사와 전통을 배울 수 있는 곳이다. 이 곳에 가면 지역 농산물로 만든 소박한 밥상이 있고 그 음식에 담긴 이야기도 들을 수 있다. 인근엔 민박이 있어 숙박문제를 해결할 수 있고 여러 가지 체험을 할 수 있다. 특히 가족과 함께 갈 경우 농촌에서의 맛있는 여행의 즐거움을 느끼는 것은 기본이고 다양한 우리 식문화를 접하는 좋은 교육기회도 갖게 된다.

이번에 소개된 농가맛집 가운데 구암모꼬지터(남양주시)는 대표음식이 고종쌈밥·무말랭이 만두며 서지초가뜰(강릉)은 질상·모밥·씨종지떡·송죽두견주·진달래화전, 각종 산나물과 장아찌다. 사과꽃마을(충주시)은 사과떡 케익·사과 칼국수·사과 삼색수제비 등을 내놓고 있으며 곰섬나루(태안군)는 바지락 조개정식·함초 새싹비빔밥·함초비취묵이 자랑거리다. 청산가든(완주군)은 꿩샤브샤브·꿩전골·꿩만두·육회·탕·떡국, 매화랑매실이랑(광양시)은 매실소스불고기 샐러드·매실장아찌나물 비빔밥·매실숙성삼겹보쌈·매실오이초밥, 문경새재 오는길(문경시)는 약돌돼지 한방찜정식·약돌돼지약선오리탕·오미자청 등을 대표음식으로 하고 있다.

농진청 전통음식 자원화

남사예담촌(산청군)은 약선상차림·향토상차림·산채비빔밥, 용왕나드르(서귀포)는 용왕정식·보말수제비·마늘 강된장비빔밥 등이 주무기다.

이처럼 지역에 따라 모두 특색을 지니고 있으며 수려한 경관을 뽐내는 명승지를 안고 있다. 먹을거리·볼거리가 그득한 농가맛집을 찾아 일상탈출의 진수를 맛보고 농가에는 소득증대 기회를 부여토록 했으면 한다.

농축유통신문
2008년 7월 28일 월요일
음력 6월26일
1990년 4월 6일 창간 제846호(주간)
Agri-Livestock Marketing News (구)농민저널
서울 송파구 가락본동 75-12 (우)138-803 대표전화: (02)3401-7501

노 前대통령, 농촌관광 체험!

'바람마을 의야지' 찾아 격려

전국 곳곳이 농외소득을 올리기 위한 농촌관광이 한창이다. 〈본보 6월23일자 참조〉

강원도 평창군 횡계리 바람마을 의야지는 지난 21일 노무현 前 대통령을 초대하는 이벤트 행사를 가졌다.

이날 본지 김용욱 회장을 비롯한 마을주민들이 농촌관광의 성공의지를 정열적으로 보여줬다. ▶관련기사 12면 〈특별취재팀〉

꿈이 영그는 마을.
2008. 7. 21
노무현

농축유통신문
2008년 7월 21일 월요일

농촌노인 위한 사회안전망 구축을

논두렁 밭두렁
시시각각

김 용 욱 본지회장

구구팔팔이삼(998823). 아흔아홉살까지 팔팔하게 살다 이틀 앓고 사흘째에 죽자는 말이라고 한다. 노년기에 들면서 누구나 희구하고 갈망하는 바를 잘 함축하고 있어 모두 공감하고 최근 많이 회자되기도 한다.

건강한 삶에 대한 욕구는 인류공통의 것이 될 것이다. 특히 노년기에 이르면 생을 어떻게 하면 보다 아름답게 마감할 수 있을까 한번쯤 생각하게 되는 것은 분명하지만 사자(死者) 보다 생자(生者)에 대한 배려에 무게를 두고 있다. 건강하지 못한 삶은 그 자체로 고통덩어리이고 짐이다.

농어촌복지 너무 취약

목숨이 다하면 스스로의 짐이야 벗어버릴 수 있지만 오랫동안 병고에 시달리다 세상을 등질 경우 그 짐은 통째로 배우자를 비롯한 가족에게 그대로 전가된다. 생전에 간병으로 고통을 준 것만도 큰 짐인데 만에 하나 가산까지 모두 탕진하고 나서 가족곁을 떠난다면 이보다 더 큰 짐은 없다. 그래서 팔팔하게 살다가 어느날 갑자기 죽기를 원하는 것이다.

농촌진흥청은 이같은 노인들의 염원을 다소나마 충족시켜 주기 위해 건강하게 사시라고 '농촌 어르신을 위한 식생활 지침'을 개발하여 보급하고 있다. 농촌지역 노인들은 도시지역과 달리 식품구매가 불편하고 자급하는 농산물에 식단을 의존함으로써 영양섭취가 부실한 것으로 조사된 데 따른 것이다.

지침은 단백질과 비타민 섭취를 위해 두부·달걀·생선의 섭취를 늘리고 복합 탄수화물과 비타민 B군이 풍부한 잡곡밥을 먹도록 권한다. 장아찌·젓갈 같은 짠 음식을 적게 먹고 소금·간장을 적게 사용하는 동시 향신료와 녹색채소를 이용하여 식욕을 돋구라고 한다. 소화하기 쉬운 저유당 우유나 요구르트로 칼슘섭취량을 늘리고 다양한 제철 과일을 충분히 먹음으로써 비타민과 칼슘섭취도 늘리라고 권하고 있다.

또한 에너지가 많고 다른 영양소 함량이 낮은 술의 섭취는 하루 1잔 이내로 제한하고 수분을 충분히 섭취해야 하며 기호음료인 커피는 유자차·모과차 등 과실차로 대신토록 권한다. 세끼 식사와 간식을 빠짐없이 섭취하여 에너지 균형을 맞추고 식품의 다양성을 늘리는 한편 젊었을 때보다 조금 적게, 일정한 양을 천천히 먹도록 하고 있다.

이밖에도 1주일 3번 30분이상씩 꾸준히 운동을 하고 활동량을 늘리며 규칙적 기상·식사·취침은 물론 이웃과 왕래하며 즐거운 시간을 갖도록 주문한다.

이같은 건강관리가 농촌지역 노인들에게만 국한될 일은 아닐듯 하다. 권장사항 모두가 피가 되고 살이 되는 유익한 것들이어서 이에 전적으로 동의한다. 그러나 정작 당사자들이 동의할지는 의문이다. 지금의 노년층은 성장기 보릿고개를 체험한 연령대로 가난의 대물림을 끊기 위해 평생을 자녀들 뒷바라지에 바쳤던 세대다. 잘먹고 잘사는 것을 사치로 여겼던만큼 식습관도 식생활도 모두 가난에 찌든 시절 그대로 고착화돼 있다 해도 과언이 아닐 것이다. 게다가 뒤늦게 건강위주의 식생활로 전환코자 하는 욕구가 생길 즈음엔 이젠 경제적 환경이 뒷받침되지 않을 수도 있다. 따라서 동의에 인색할 수 있다는 것이다.

복지 전담기구 설치하자

최소한 이들의 동의를 얻어내자면 선진국처럼 농촌노인들을 위한 사회안전망이 체계적으로 구축돼야 한다. 예컨대 농업자연금과 경영이양연금 제도를 도입하고 있는 일본이나 농업경영이양연금과 농업경영자 노령부조제도를 운영하고 있는 독일처럼 농촌노인들의 활동적인 삶을 보장해줘야 한다는 것이다.

농축유통신문 2008년 7월 28일 월요일

韓農大 졸업생 '사회복무제' 편입시켜야

논두렁 밭두렁

시시각각

김 용 욱 본지회장

'모든 국민은 법률이 정하는 바에 의하여 국방의 의무를 진다'. 헌법 제39조 1항이다. 신성한 국방의무는 4대 의무중 하나다. 사내로 태어난 대한민국 국민이면 결정적 결격사유가 없는 한 누구나 그 의무를 다해야 한다. 그러나 현역복무로만 그 의무를 이행하는 것은 아니다. 공익근무요원·산업기능요원등 대체복무제도에 의해 일정기간 복무를 마치면 그 의무를 다한 것으로 인정하고 있기 때문이다.

후계인력 정책 무산위기

산업기능요원제도란 군대의 소요인원 충원에 지장이 없는 범위내에서 현역 입영 대상자 또는 공익근무요원 소집대상인 보충역중 일부를 산업체 특히 중소기업체의 생산현장에 근무하게 함으로써 중소기업체의 인력난 해소를 위해 시행되는 제도다.

이 역시 반드시 중소기업등 산업체에서만 이 제도를 활용할 수 있는 것은 아니다. 기업의 경우 병역특례지정업체라야 산업기능요원을 배치받을 수 있지만 국가산업 발전을 위해 우수인력이 필요한 경우 이를 활용할 수 있다. 그 하나가 한국농업대학 졸업생 가운데 후계농업경영인으로 선발되면 산업기능요원에 편입되어 병역 대체복무를 할 수 있는 경우다.

그런데 산업기능요원제도가 오는 2012년 폐지되면서 사라진다. 전·의경과 경비교도대원등 전환복무는 배정인원을 단계적으로 감축해 나가지만 산업기능요원 가운데 현역자원은 단계적 감축없이 2011년까지 연 4,500명씩 배정되고 그 이후 완전 폐지된다. 이는 연초 확정한 병역제도개선안에 따른 것이다. 이들 제도는 새로 도입되는 사회복무제도로 대체된다.

따라서 농촌진흥청 소속의 한국농업대학은 졸업생의 이 사회복무제도 편입을 실현키 위해 다각적인 방안을 모색하고 있다. 그 일환으로 지난 22일 이와 관련한 토론회를 개최한 바 있는 한국농업대학의 김양식학장은 이날 "청년이 거의 없는 농촌에 정착하여 농업에 종사하는 것도 공익기능 수행"이라고 전제하고 "한농대 졸업생이 졸업후 입대할 경우 전역때 영농정착보다 다른 방향으로 진로를 바꿀 확률이 높기 때문에 소외되고 고령화된 농촌사회에 한국농업대학 졸업생이 한줄기 희망이 될 수 있도록 해달라"고 호소했다고 한다.

우리는 이 호소에 전적으로 동의해야 한다. 만약 한농대 졸업생이 사회복무제도에 편입되지 못할 경우 올해 모집하는 신입생부터 졸업 후 현역복무를 할 수 밖에 없게 된다. 이렇게 되면 졸업후 6년동안 의무적으로 영농에 종사해야 하는 규칙을 이행할 수 없다. 뿐만 아니라 재학중 학비·기숙사비·실험실습비·교재비 등 3년동안 지원되는 국비만 낭비하고 결국 미래 농업CEO 양성은 물거품이 되고 만다.

현재 농대 졸업생의 농촌정착비율은 5%에도 채 미치지 못하는 것으로 알려져 있다. 그러나 한농대의 2007년 학비이행상황보고서를 집계분석한 결과 졸업생의 95.3%가 영농에 종사하고 있는 것으로 나타났다. 이들이 안정적으로 영농에 정착하여 농업·농촌의 리더로서 자기 몫을 충실히 하고 있다는 것이다. 졸업생들의 경지면적이나 호당 평균 농가 소득이 전국 평균치의 2배를 넘고 있어 이를 뒷받침하고 있다.

돌아오는 농어촌 밑거름

우리 농촌은 고령화사회를 넘어 초고령화사회에 진입하고 있다. 젊고 유능한 후계농업인을 수혈하지 않을 경우 우리 농업은 그대로 쓰러지고 말 것이다. 이러한 결과를 자초하지 않으려면 군의 잉여자원을 몽땅 후계농업인 육성에 투입하지 않으면 안된다. 한농대 졸업생의 사회복무제도 편입을 강력히 촉구하는 바이다.

농축유통신문 2008년 8월 4일 월요일

귀농 성공정착 적극 지원돼야

논두렁 밭두렁

시시각각

김 용 욱 본지회장

젊은이들의 선망대상이던 국내 대기업들이 선호도에서 정부나 정부산하기관·국책은행 등에 밀려나고 있다고 한다. 물론 일류 대기업에 입사할 경우 대우나 후생복리는 타의 추종을 불허한다. 그러나 업무가 과다하고 특히 실적이 부진할 경우 언제 퇴사압력을 받게 될지 모르는 불안감을 달고 다녀야 한다.

반면 정부기관 등은 재임 중 결정적 위법행위를 하지 않는 한 쫓겨 날 위험이 없고 정해진 근무기준만 준수하면 정년까지 마음 편하게 봉직할 수 있는 곳이다. 그래서 '신(神)의 직장'으로까지 불려지고 있고 따라서 선호도가 높은 것이다.

귀농 후견인 효과 커

해직 불안감. 사기업에 종사하는 모든 사람들이 공유하는 심리상태일 것이다. 쫓아내지 않더라도 상급자와 사소한 불화라도 생기고 이것이 누적되면 비례해서 스트레스는 늘고 직장에 대한 애착은 점점 줄어들게 되면서 대수롭지 않은 자극에도 "당장 때려 치우고 땅이나 파든지 해야지"라는 탄식을 뿜어 내기 일쑤다. 무의식적으로 튀어나온 말이지만 땅을 판다는 것은 농사를 짓겠다는 뜻일 게다. 꼭 이와 같은 케이스는 아니지만 오랜 도시생활에서 염증을 느낀 사람들이 말뿐이 아니라 실제로 농촌을 많이 찾고 있다. 농사를 짓기 위해서다.

귀농인들의 안정적인 농촌정착을 위해 교육 등 지원을 하고 있는 농촌진흥청이 최근 성공적으로 농촌에 정착한 귀농사례 49편을 모아 '끊임없는 도전으로 기쁨을 찾다'라는 사례집을 발간했다. 분야별로 성공사례와 귀농동기·영농정착과정·성공요인 등 특기사항은 물론 귀농과정에 어려웠던 점 등을 수록하여 귀농희망자들이 참고할 수 있도록 했다. 여기 수록된 사례들은 억대 이상의 소득을 올리고 있는 귀농인들의 얘기다.

이 가운데 10편을 골라냈다. 10명 모두 전직이 달랐다. 건설업·무역회사·전기전자 냉동사업·유통업경영과 개인사업을 했던 귀농인에서부터 학습지교사·직장인도 있고 미8군 라이브가수까지도 귀농을 했다. 분야는 작물·원예·축산 등 다양하며 지난해 추정소득이 8,800만원에서 최고 11억원에 달하는 경우도 있다. 성공모델이라 하지 않을 수 없다.

그러나 고충은 있었다. 귀농시 어려웠던 점으로 공통적인 것이 경험이 없는만큼 농업지식부족이 가장 큰 애로였고 자녀교육문제도 짐이 되었다. 또 지가상승에 따른 농지 확보문제가 고충거리였으며 가장 눈의 띄는 것은 주변 농업인들의 배타성이다. 쉽게 융화가 되지 않았다는 것이다.

정부의 귀농정책이 효율적으로 추진되려면 이 같은 장애를 걷어내는 일에 우선해야 한다. 도시인구가 포화상태에 이르고 여가 문화가 변화하면서 귀농희망자도 증가할 가능성이 높다. 특히 농촌은 젊은 노동력의 수혈이 절대 필요한 곳이다. 현재 65세이상 경영주가 전체의 47%를 점하고 있다. 지난 2000년 45만2천호로 33%이던 65세이상 경영주 농가비중이 지난해 57만2000호로 이같이 늘어났다. 농촌으로의 유입가능한 젊은이들을 모두 끌어들이지 않으면 농업보전자체가 불안해질 수 밖에 없는 처지에 놓여 있는 것이다.

성공사례담 모아

따라서 귀농인의 유입과 성공적 정착을 위해서는 농지구입 지원단가를 현실에 맞게 조정하고 상환기간을 늘려주는 방안이 모색돼야 한다. 교육문제와 관련해서는 귀농인 자녀들에 대한 기숙사와 기숙사비의 제공과 학부모에게 바우처를 주는 방안의 고려도 필요하다.

특히 귀농인들의 농촌정착에 중요한 요소가 되는 지역주민들과의 동화를 위해 교육·공동행사 등을 통해 인간관계를 돈독히 하도록 하되 후견인제도를 활용하여 정착을 돕도록 하는 방법도 검토해 볼 수 있을 것이다.

'씨없는 수박'으로 잘 알려져

논두렁 밭두렁
시시각각

김 용 욱 본지회장

며칠 전 부산에서 우장춘박사 서거 49주기 행사가 열렸다. 우장춘 기념관이 있는 동래구 온천동에서였다.

우장춘(禹長春 1898~1959) 박사는 '씨없는 수박' '꽃씨 할아버지'로 널리 알려진 우리나라 생명공학의 선구자이자 국내에 육종학의 씨를 뿌린 과학자이다. 일본도쿄에서 태어나 동경제국대학 농학과를 졸업한 우박사는 '종의 교잡을 통한 유전연구'로 세계 생물학계를 놀라게 했다. 1930년 겹꽃 피튜니아꽃의 육종합성에 성공했던 것이다. 따라서 다윈의 진화론(進化論)을 수정했고 '종(種)의 합성설'로 모교에서 농학박사학위를 받았다.

우장춘박사 서거 49주기

우박사의 귀국은 많은 우여곡절을 겪기도 했다. 일제하에서 일본학자들에 의해 주도돼온 농업이 광복과 더불어 이들이 본국귀환을 하게 됨으로써 일대 혼란기를 맞게 되고 농업에 대한 뛰어난 학자가 필요한 시점이었다. 우장춘박사는 광복을 계기로 영구귀국을 꾀했으나 뜻을 이루지 못했다. 일본이 그를 순순히 놔주지 않았던 것이다. "대마도는 내줄 수 있어도 우장춘은 내줄 수 없다"는 유명한 일화가 이를 뒷받침한다. 우박사를 절대 필요인물로 지목한 국내 농업계는 그의 귀국을 돕기위해 심지어 '우장춘박사 환국촉진위원회'까지 결성하기에 이른다.

우박사는 1950년 마침내 귀국한다. 곧바로 한국 농업과학연구소의 초대소장으로 취임하면서 국내에서 본격적인 연구활동을 시작하게 된다. 이를 계기로 각종 식물의 종자개량과 보급에 전념했으며 끊임없는 연구를 거듭한 결과 우량종자의 생산체계를 확립한다. 따라서 전적으로 일본에 의존하던 채소종자를 상당부분 국내에서 자급할 수 있는 기반을 다지게 된다.

서거 49주기를 맞아 우장춘박사를 다시 생각케 하는 것은 생전에 남긴 큰 족적뿐 아니라 탁월한 육종지식을 통해 그 근간을 공고히 함으로써 제2·제3의 우장춘을 탄생하게 했고 이들의 연구노력으로 오늘날의 선진농업을 실현할 수 있었기 때문이다. 벼의 수도이기작(水稻二期作) 연구에 전념했던 우박사가 비록 녹색혁명의 결실을 보지 못하고 세상을 달리 하긴 했지만 씨앗만큼은 알차게 심어놓고 갔다. 후학들이 이를 잘 가꿈으로써 주곡자급이라는 위업을 달성했고 매년 반복되는 보릿고개를 해소하고 굶주림에서의 해방을 안겨 줄 수 있었던 것이다.

후학들의 연구노력은 지금 이 시간에도 이어지고 있다. 날이 새면 새로운 농업과학기술이 탄생되고 연간 수백건에 달하는 새기술이 쏟아져 나온다. 그럼에도 갈증은 여전하다. 농업환경의 급격한 변화 때문이다. 새로운 국제질서와 규범에 따라 농산물시장이 전면개방되어 무한 경쟁시대에 돌입하게 됨으로써 새로운 농업기술·경영기법이 개발·보급되지 않고는 경쟁에서 버텨낼 수 없다. 따라서 연구·개발노력을 잠시 잠깐이라도 게을리 할 수 없는 것이다.

경쟁력 높은 품종개량 목말라

특히 최근 몇 년새 폭등을 거듭하고 있는 국제유가와 국제곡물시세에 능동적으로 대처하지 않으면 안될 처지다. 이미 축산분야는 치명적인 타격을 입고 있다. 배합사료 원료곡물 비중이 높고 해외의존도가 절대적인 콩·옥수수 등의 국제시세가 바이오에너지원으로 소비가 확대되면서 천정부지로 치솟아 배합사료가격 상승을 막을 수 없기 때문이다. 대체가능한 사료 작물의 선택과 품종개량이 시급하다.

제2·제3의 우장춘이 연구·개발노력을 배가해야할 이유다.

농축유통신문 2008년 9월 8일 월요일

그늘없는, 즐거운 한가위를

논두렁 밭두렁

시시각각

김 용 욱 본지 회장

북어 쾌, 젓조기로 추석 명일 쇠어 보세. 신도주(新稻酒) 오려 송편·박나물·토란국을 선산(先山)에 제물하고 이웃집 나눠 먹세. 며느리 말미받아 본집에 근친갈 제 개 잡아 삶아 건져 떡고리와 술병이라. 초록 장옷, 반물치마, 장속하고 다시 보니 여름동안 지친 얼굴 소복(蘇復)이 되었느냐. 중추야(仲秋夜) 밝은 달에 지기(志氣) 펴고 놀고 오소.

신도주·송편 선산에 제물하고

농가월령가 팔월령(八月令) 가운데 중추절을 노래한 한 토막이다. 여기서의 북어쾌는 말린 명태 20마리, 젓조기는 저려 말린 조기이며 신도주는 햅쌀로 빚은 술, 근친갈 제란 며느리가 휴가를 얻어 친정부모를 찾아 뵈러 갈 때를 뜻한다. 장속은 옷을 갖추어 입는 것이고 소복은 앓고 난 뒤에 회복됨을 말하며 지기란 마음껏이란 뜻이다.

농가월령가가 지어진 것이 조선 헌종때다. 그 시절에도 추석만큼은 풍성했던 모양이다. 마련된 제물의 질이나 양면에서 부족함이 없고 이웃간 정감이 넘쳐난다. 친정에 보내는 며느리에게도 아낌이 없다. 요즘같이 각박한 사회에서 바둥거리는 우리의 모습이 수치스러울 정도다.

물론 지금도 중추절이면 벌초에 성묘하고 차례 지내는 일은 변함이 없다. 다만 그 시기에 차이가 있을 뿐이다. 한때 산업사회화 초기에 민족대이동이라 할만큼 도시민 거의가 귀향길에 오름으로써 산업체에서 대형버스를 동원했던 시절이 있기도 했다. 그러나 지금은 교통망이 발달하고 교통수단이 다양화해지면서 그런 모습은 찾아 볼 수 없다. 특히 요즘 젊은 층은 추석이전에 벌초·성묘를 마치고 정작 추석엔 해외여행 등으로 밖에서 즐기는 추세다.

이같은 현상은 소득수준의 향상에 따라 경제적으로 윤택해진데 연유하기도 하지만 교통·통신수단이 도·농 가족간 거리를 좁혀 줌으로써 일년에 한두번 전가족이 모여 하루를 즐겨야 할 필요성이 그만큼 둔화된데 기인할 것이다. 따라서 가족이 옹기종기 모여 송편 빚는 일도 점차 줄어들게 되었고 동네 잔치로 전승돼 오던 소싸움·닭싸움 등 다양한 놀이도 찾아 볼 수 없다. 더욱이 시집간 딸이 친정 어머니와 중간 지점에서 만나 반나절을 함께 회포를 풀고 가져온 음식을 나눠 먹으며 즐긴다는 반보기, 즉 중로상봉 따위는 완전히 잊혀졌다.

아무튼 한가위는 어김없이 찾아 온다. 1주일 뒤다. 한가위 풍속도가 시대흐름에 따라 변했다해도 아직 많은 도회지 자녀들이 고향을 찾아 부모형제와 친지들이 모여 앉아 정담을 나누며 밤새는 줄 모른다. 그런가 하면 찾아오는 이 없는 노인가정도 없지 않다. 자식새끼들에게만은 가난의 대물림을 시키지 않겠다며 허리가 휘게 농사짓고 소팔고 전답팔아 공부하라고 자녀들을 등떠밀어 도시로 보냈던 그들이다. 헌데 이제 남은 건 외로움과 지친 육신뿐이다. 그래도 출세한 새끼들을 원망하기는 커녕 건강한지, 잘 지내는 지 되레 걱정이다. 그나마 배우자가 있는 경우는 다행이다. 홀로 사는 노인들은 가족이 모이는 명절이 오히려 두렵다.

많은 사람이 참여할수록 좋아

정학수 농식품부 1차관이 며칠전 30명의 직원을 이끌고 정읍의 어느 농촌마을을 찾아 17명의 독거노인을 위로하고 위문금품을 전달했다고 한다. '농림가족 희망나눔 캠페인'의 일환이란다. 나눔의 크기는 작을지 모르지만 아름다움의 크기는 계측하기 어렵다.

이같은 나눔은 많은 사람이 참여할 수록 좋다. 독거 노인들도 따뜻한 이웃이 가까이 있다는데 희망을 갖고 건강한 여생을 보냈으면 좋겠다.

농축유통신문 2008년 9월 15일 월요일

농산물 수출!… '하면된다'

논두렁 밭두렁

시시각각

김 용 욱 본지 회장

'돈버는 농어업, 살맛나는 농어촌'. 농림수산식품부가 제시하고 있는 새로운 비전이다.

이 비전의 현실화는 특정분야의 노력만으로 불가능하다. 산·학·관·연(產·學·官·硏)이 하나가 되어 총력을 경주하지 않고는 안되는 일이다. 특히 개방화시대 우리 1차산업의 경쟁력이 취약하여 외국 농수산물에 대해 경쟁우위를 확보하지 못하고 있다는 특수성 때문이다.

산·학·관·연 똘똘뭉쳐야

우리는 세계무역기구(WTO) 출범이후 새로운 국제규범에 따른 농산물시장개방과 자유무역협정(FTA)의 잇따른 체결로 개방파고가 더욱 높아졌으나 수세로만 일관해 왔다. 따라서 농업은 갈수록 위축되고 농가경제의 악화를 가속화 시켰다.

이는 지난해 농림업 생산액에서도 잘 나타나 있다. 지난해 생산액이 35조8,372억원으로 2006년 36조3,893억원보다, 1.5%가 줄었다. 이 가운데 농업생산액은 34조6,850억원으로 전년 35조2,324억원대비 1.6% 감소했다. 식량작물(5.3%)과 과실(5%)은 감소한 반면 채소(1.8%)만 증가했다. 이 같은 현상은 기상여건 악화에 따른 생산감소에도 기인했지만 농가판매가격 하락에 영향 받은 것이다. 시장개방 여파임이 분명하다.

이런 점에 비추어 우리도 공세적 자세로 전환하지 않으면 안된다. 수출로 돌파구를 찾자는 것이다. 우리의 생산기술은 이미 고도화돼 있다. 해외시장에서 상대국의 취약한 작목을 찾아 이를 집중공략한다면 승산이 없지 않다. 특히 인도·중국 등은 인구 증가율도 높거니와 소득수준이 급격히 증대되어 식품수요 또한 증가일로에 있다. 가까운 일본의 경우도 취약작목이 적지 않은 것으로 알고 있다.

일본은 비중있는 수출대상국이다. 지난해 농산물은 5억6,000만 달러, 축산물은 4,100만 달러를 일본에 수출했다. 농산물은 전년에 비해 1.5% 감소한 반면 축산물은 3.5% 증가했다. 수출농산물은 채소류가 주류다. 거의 신선채소다. 파프리카는 수출액이 4,700만달러로 전체 농산물 수출규모의 10분의 1을 육박한다. 생산자와 수출업계의 피나는 노력의 결과물인 것이다.

여기에 정부가 힘을 보태고 있다. 이번에도 정부가 일본 후생성 수입대책팀을 국내에 초청하여 대일(對日) 수출채소 ID등록 생산농가에 대한 현지실사를 실시했다. ID등록은 국산채소류를 일본에 수출할 때 일정수준이상 자체 안전성 관리체계를 확보한 수출업체나 생산농가에 유통공사가 부여하는 고유번호를 주기 위한 것이다. ID등록은 파프리카·방울토마토·오이 등이 시행중에 있으며 대일수출 상위품목인 깻잎·청고추등 10개품목을 대상으로 확대를 추진하고 있다.

대일 수출농산물은 ID등록과 함께 일본 후생성에서 확인가능한 코드를 부여하여 안전성을 위반하는 경우 사후추적이 가능하도록 재배이력을 표기해야 한다. 재배이력코드는 수출업체 등록년도, 품목·생산지역·생산농가·생산지역 등으로 구성하고 위조방지와 식별이 용이토록 제작한다.

마케팅 더욱 공세적으로

핵심은 수출농산물의 안전성이다. 이번 실사의 경우도 현재 운영중인 우리의 안전 시스템 등을 집중 조사하는 것이다. ID 등록이나 재배이력 표기 등이 일본 욕구를 충족하고 특히 이번 실사에서 안전성만 보장받는다면 신선채소류의 수출이 크게 늘어날 것으로 기대된다.

따라서 정부와 생산농가는 물론 유관기관·단체 모두가 하면 된다는 신념아래 힘을 모아 수출경쟁력을 제고해야 하며 이것이 곧 정부가 제시한 비전을 앞당기는 첩경이라는데 인식을 같이 해야할 것이다.

농축유통신문 2008년 9월 29일 월요일

도농교류 지역경제 활성화 큰 기여

논두렁 밭두렁
시시각각

김 용 욱 본지 회장

"도시와 농어촌간의 교류를 촉진하여 농어촌의 사회·경제적 활력을 증진시키고 도시민의 농어촌생활에 대한 체험과 휴양수요를 충족시킴으로써 도시와 농어촌의 균형발전과 국민의 삶의 질 향상에 이바지한다"

이는 지난해 12월 제정, 공포된 '도시와 농어촌간의 교류촉진에 관한 법률'의 설치목적이다. 이 도농교류 촉진법에 따라 농촌 마을주민들은 농어촌체험·휴양마을사업을 할 수 있다. 물론 마을주민은 마을협의회를 구성하여 대표자를 선정하고 법령이 정한 지정요건을 갖춰 지방자치단체장의 지정을 받아야 한다.

성공열쇠 지역민이 쥐고 있어

국가와 지자체는 이 사업의 육성·지원을 위해 농어촌의 자연환경, 영농·어활동, 전통문화 등을 활용한 생활체험·휴양자원을 개발하고 이 사업에 관한 홍보와 도시민의 유치활성화, 기반정비, 운영중 발생하는 재해에 대비키 위한 공제관련 사업 등을 지원한다. 또 사업자의 경영지원은 물론 이 사업의 활성화를 위한 조사·연구도 추진한다.

특히 농어촌체험·휴양마을사업, 관광농원사업 등에 대한 정보를 체계적으로 전달하고 도농교류와 농어촌지역 개발활동을 지도·자문하기 위해 관련 교육프로그램을 이수한 자를 전문인력으로 선발하여 활용할 수 있도록 하고 있다. 또한 농어촌체험·휴양마을을 이용하는 자를 대상으로 체험프로그램을 안내하고 이용자의 안전관리, 농작물 및 환경 경관보호 등 체계적인 농어촌체험을 지도하기 위해 교육과정을 이수한 자로 농어촌체험지도사로 선발하여 활용토록 한다. 이와함께 농어촌마을 및 주변 지역사회의 역사·전통문화 등을 체계적으로 해설·교육할 수 있도록 역시 관련 교육과정 이수자를 농어촌마을 해설가로 선발하여 활용할 수 있게 하고 있다. 이들의 활동에 필요한 비용등은 국가나 지차체가 예산 범위내에서 지원한다.

이와 관련한 교육프로그램이나 교육과정은 주무부처의 인증을 받아 개설·운영할 수 있다. 이를 위해 농림수산식품부가 '도농교류 또는 농어촌지역개발 전문인력 양성프로그램 및 체험지도사·마을 해설가 교육과정 인증에 대한 운영규정'을 최근 제정했다. 따라서 도농교류 전문인력 양성프로그램은 도농교류관련 법령, 마을경영, 지역자원 발굴·활용, 홍보·마케팅을 교육과목으로 운영된다. 농어촌지역개발 전문인력 양성프로그램은 농어촌지역 시스템의 이해, 농어촌지역 개발 추진체계, 농어촌지역의 가치창출, 농어촌 지역개발 전략계획 및 기획서 작성, 지역사회 파트너십 형성, 지역경영 및 장소 마케팅기법, 혁신과 리더십, 농어촌 지역개발 현장교육 및 실습 등이 주요 교과목이다. 체험지도사 교육과정은 주체별 체험프로그램 기획·운영, 농어촌체험지도 기법, 농어촌체험교육 교재개발, 안전교육 등을, 마을 해설가 교육과정은 농어촌마을의 이해, 농어촌 전통문화 해설, 마을 해설기법, 농어촌마을 해설프로그램 개발·운영 등을 교과목으로 하고 있다.

도시민 유치에 적극성 보여라

이를 통한 전문인력 양성이 도농교류 촉진법의 취지를 살려 보다 체계적으로 추진됨으로써 관련사업이 반드시 성공하리라는 확신이 선다. 그동안 유사한 사업들이 다양하게 추진돼 오긴 했지만 소기의 목적을 달성했다고 보기는 어렵다. 사실 농촌은 도시민 모두의 뿌리라해도 과언이 아니다. 특히 농촌은 아름다운 자연환경, 겨레의 혼이 흐르는 전통문화 등 많은 자원을 보듬고 있다. 농어촌 자원을 효율적으로 활용하여 넘쳐나는 여가수요를 충족할 경우 도농간 균형발전까지는 몰라도 지역경제 활성화에 따른 삶의 질 향상에 기여할 것은 분명하다. 중앙정부나 지자체의 지원도 중요하다. 그러나 성패의 열쇠는 지역주민이 쥐고 있다는 사실에 유념하지 않으면 안된다.

농축유통신문 2008년 10월 6일 월요일

암소투매로 한우파동 우려

논두렁 밭두렁
시시각각

김 용 욱 본지 회장

한우 사육농가들이 극도의 불안감에 휩싸여 있다. 과거 암소투매로 인한 한우파동이 다시 일지 않을까 해서다. 파동까지 가지 않더라도 한미 쇠고기협상 타결이후 미국산 쇠고기의 수입이 크게 늘어날 전망이어서 이것만으로도 충분히 불안감이 조장될 수 밖에 없다. 게다가 사료가격 상승에 따른 채산성 악화와 최근 금융시장 불안 등 경제사정 악화로 인한 쇠고기수요 감소 우려 등도 불안요인으로 작용하고 있다.

원산지 표시 철저한 감시를

미국산 쇠고기는 수입이 재개된 7월부터 1년간 약 14만톤이 수입될 것으로 전망되고 있다. 지난 해에도 수입이 허용됐지만 뼈조각문제가 불거지면서 다시 중단돼 수입량이 1만4,000톤 수준에 그쳤다. 그러나 수입이 중단되기 이전인 2003년 수입규모가 22만톤이 넘었던 점을 감안하면 향후 수입물량이 더욱 크게 늘어나지 않을까 싶다.

수입규모는 그렇다 치고 채산성에도 적지않은 문제를 안고 있다. 크게는 사료가격의 상승이다. 국제곡물가격은 천정부지로 치솟고 있고 환율급등에 운송비 상승등 어느것 하나 악재가 아닌게 없다. 배합사료 원료곡물 전량을 해외에 의존하고 있는 국내 배합사료메이커가 이같은 원가 상승요인 전부를 떠 안을 수는 없는 일이다. 따라서 축산농가들에게 부득이 이를 전가하게 되고 생산비 가중을 초래하고 있는 것이다.

정부도 이같은 상황에 대처키 위해 올해 농가 특별사료구매자금 1조5000억원을 풀기에 이르렀고 내년에는 1조원을 추가투입한다. 금리부담도 줄인다. 현행 3%인 금리를 내년에는 1%로 낮추고 상환기간도 1년에서 소의 경우는 1년거치 2년 분할 상환토록 한다는 방침이다. 사태의 심각성을 반영한 조치일 것이다.

또 하나 우려되는 문제는 수요감소다. 경기침체에서 비롯된다. 현재 경기상황이 "IMF때보다 더 나쁘다"는 것이 서민들의 시각이다. 재래시장을 막대한 예산을 들여 현대화했지만 서민들의 발길은 점점 줄어들고 지갑을 열지 않고 있다고 한다. 음식점을 비롯한 소상공인들의 간판이 줄이어 떨어지고 있는 것도 같은 이유에서다. 그런데 설상가상으로 미국발 금융위기로 국내 경제가 요동을 치고 있다. 그 파장이 크지 않기를 바라지만 서민가계에 악영향을 미칠 경우 한우의 소비둔화를 피할 수 없게 될지 모른다.

이같이 외국산 쇠고기의 수입이 큰 폭 증가하여 국내산 쇠고기의 가격하락을 유발하고 생산비부담이 가중된다면 채산성은 불안정해 질 수 밖에 없다. 여기에 수요감퇴까지 겹칠 경우 출하대상 한우의 적체가 불가피해진다. 이 경우 투매현상이 촉발될 수 있기 때문에 한우파동을 우려하고 있는 것이다.

이를 사전에 막기 위한 다각적인 대책과 노력이 필요하다. 가능한 수단은 모두 동원해야 한다. 수입쇠고기의 한우둔갑판매 차단도 그 하나가 될 수 있을 것이다. 정부가 시행하는 원산지 표시제가 핵심정책이다. 당국은 이달부터 33~100㎡ 규모의 소형식당도 쇠고기의 원산지를 정확히 밝히지 않으면 최고 500만원의 과태료를 물게 하는 등 엄중히 다스리고 있다.

진단차량까지 지원

때마침 농촌진흥청은 현장에서 DNA 검사를 통해 한우·수입소·젖소를 판별할 수 있는 이동형 진단시스템과 진단차량을 개발했다. 이를 통해 종래 시료채취에서 분석까지 1~3일 소요되던 시간을 획기적으로 단축했다. 현장에서 3시간이내에 판별하게 된 것이다.

이를 계기로 원산지 허위표시행위 등을 엄격히 차단하여 소비자의 피해를 막고 한우소비 촉진을 통해 한우사육 농가를 철저히 보호토록 해야 할 것이다.

농축유통신문 2008년 10월 13일 월요일

'자연순환농산물' 소비 활성화를

논두렁 밭두렁

시시각각

김 용 욱 본지 회장

안전먹거리에 대한 관심이 갈수록 고조되고 있는 가운데 최근 중국발 멜라민파동이 가족의 건강을 책임지고 있는 주부들을 공포의 수렁으로 몰아넣고 있다. 내노라하는 국내 유수의 식품업체 제품에서 기준치를 초과하는 멜라민이 검출됨으로써 이들 제품을 즐겨 먹었던 아이들의 건강엔 이상이 있는 건 아닌지, 원산지 표시가 정확치 않은 기호식품은 섭취해도 무방한지 걱정이 태산이다. 식기나 조리기구에서도 자연 발생하는 멜라민의 양은 얼마나 되는지, 위해수준에 이르는 것은 아닌지 불안하기 이를데 없다.

안전 먹거리 관심고조

비단 멜라민이 아니더라도 농산물시장이 완전 개방된 이래 외국산이 밀물처럼 쏟아져 들어오면서 신선도 유지를 위해, 아니면 부식 또는 해충 방지를 위해 국내서 사용하지 않고 있는 독성농약이나 일반 농약이 기준치를 초과하여 검출되는 사례들을 우리는 자주 접해 왔다. 소비자들의 불안심리를 자극하기에 충분한 것이며 안전한 농산물을 선호하는 것은 당연한 일이다.

소비자욕구가 이럴진대 국내 농산물이라고 해서 안전문제를 소홀히 할 수는 없다. 따라서 화학비료나 농약을 덜 사용하는 친환경농산물이 확대 생산되고 있는 것이다. 정부는 이에 더해 자연순환 농업을 정책적으로 추진하고 있다. 자연순환농업이란 자연생태계의 영속적인 물질순환 기능을 활용하여 작물과 가축이 건강하게 자라게 하고 농축산물의 안전성과 품질을 높인다는 개념이다. 이를 충족하기 위해서는 환경적으로 건전하고 경제적으로 수익이 보장돼야 하며 국민의 건강과 안전성을 증진시킬 수 있어야 한다. 때문에 가축분뇨 퇴비·액비 등 유기질 자원을 토양에 환원시킴으로써 토양을 건전하게 유지·보전시키면서 농업생산성을 높이고자 하는 것이다.

그러자면 양질의 퇴·액비 생산을 위한 제도적 장치가 마련돼야 하며 가축분뇨 처리시설 지원을 강화해야 한다. 아울러 이의 유통과 이용체계도 확립하지 않으면 안된다. 따라서 정부는 퇴비와 액비의 공정규격을 현실에 맞게 개정하고 가축분 퇴·액비 부숙도 판정기준을 설정하는 등 제도를 정비한 바 있다. 또 현재 이용되고 있는 시설별 장단점과 경제성 등을 분석하여 축산농가 여건에 적합한 모델을 제시하고 있으며 지역설정에 맞는 자연순환형 퇴·액비화 공동시설의 설치를 확대하고 있다. 액비저장조의 경우 농지 전용절차 없이 설치를 허용하여 오는 2013년까지 8,000개의 저장조를 설치한다는 계획이다. 이밖에 퇴·액비 살포조직 육성, 시범포 운영확대, 대량 수요처 확보, 퇴·액비 사용 경종농가 지원등의 조치를 취하고 있다.

이같은 제도적 뒷받침에 의해 생산된 자연순환 농산물이 한자리에 모아져 소비자 곁으로 다가간다. 이달부터 11월중순까지 전국 9곳에서 '자연순환 농산물 직거래장터'를 열고 양질의 가축분뇨 퇴·액비를 이용해 생산한 자연순환 농산물의 우수성을 널리 알리는 것이다. 올해로 두번째 열리는 행사다. 자연순환 농업을 추진하는 전국 67개소의 농·축협이 참여한다. 이들이 생산한 쌀과 고구마·양파·쌈채류·사과·메론·감귤등을 시중가격보다 10~30% 저렴하게 판매도 한다.

농가 소득증대로 이어져야

직거래도 좋고 장터도 좋다. 무엇보다 중요한 것은 소비자의 마음을 잡는 일이다. 자연순환농업, 소비자들에겐 아직 생소하다. 이 농산물이야 말로 가장 품질이 우수하고 안전성이 보장된다는 사실을 확고히 각인시켜야 한다. 수요없는 공급은 있을 수 없기 때문이다. 이번 행사를 통해 소비자의 이해를 더욱 증진시키고 소비가 활성화되어 생산농가의 소득이 증대되기를 기대한다.

농축유통신문 2008년 10월 20일 월요일

더 이상 농업인 울리지 마라

논두렁 밭두렁
시시각각

김 용 욱 본지 회장

이봉화 보건복지가족부 차관의 쌀소득 보전직불금 신청으로 불거진 불법·편법등 부당 수령 파장이 갈수록 확산되어 지축이 흔들릴 정도다. 국회의원 등 실명이 밝혀지면서 정치권은 물론 정부와 공직사회등 전반에 걸쳐 아수라장이다. 이런 가운데 상실감과 실의에 빠진 농업인의 분노는 하늘을 찌른다.

정부 문제 알고도 덮어놔

감사원이 공개한 지난 2006년 쌀소득 보전등 직불제 운영실태 감사결과는 농업인들의 공분을 불러오기에 가히 부족함이 없다. 직불금 수령자 99만8000명 가운데 비료구매나 농협수매실적이 없어 비경작자로 추정되는 수령자수가 자그만치 28만명에 이른다. 그중 17만명은 공무원·회사원·전문직 등 직업을 가진 사람들이고 나머지 11만명은 직업이 밝혀지진 않았지만 역시 실경작자가 아닌 것으로 추정됐다.

경악스러운 일은 150억원 상당의 자산을 보유하고 있으면서 연봉이 8억6000만원에 달하는 사람이 2억6000만원의 직불금을 수령한 사례까지 있다는 것이다. 이렇게 실경작자가 아닌 사람으로 추정되는 사람들이 타 간 직불금만 1,683억원에 달한다. 2005년 총지급액 1조5,077억원, 2006년 1조1,555억원의 10%가 넘는 직불금이 부적격 수령자가 받아간 것이다. 바꿔 말하면 농업인들은 그만큼 자기들 몫을 도둑질 당한 꼴이 됐다.

쌀 직불금제도는 쌀시장 개방에 따른 농업인의 피해를 최소화하기 위한 것으로, 농업인의 쌀값 지지정책으로 수십년간 시행해 온 추곡수매제가 폐지되면서 농가소득 보전차원에서 실경작자를 보호하고자 시행되고 있는 것이다. 따라서 쌀직불금은 농지소유자가 아니라 실제 경작을 하는 농업인의 몫인 것이 맞다. 그래서 농업인들이 분통을 터뜨리는 것이다.

불법사례가 수면위로 돌출된 건 지금이지만 이미 곪을대로 곪아 있었고 예견됐던 부작용이다. 첫째 '경자유전' 원칙의 상실이다. 헌법은 경자유전원칙이 달성될수 있도록 하고 농지의 소작제도를 금지하고 있다. 상위법이 있어 이를 달리 규정한다면 모를일이지만 헌법위에 또다른 법이 있을수 있는게 아니지 않는가. 그런데 농촌 실상은 헌법이 규정한 틀과는 거리가 멀다. 농촌 어느 곳을 가서 물어봐도 농업인이 농지를 소유한 예를 찾자면 적잖은 시간을 소요해야 할 지경이다. 정부수립후 농지개혁이 단행되기 이전 상황과 전혀 다를 바가 없는 실정이다. 농지를 소홀히 관리해 온 탓이다. 물론 선대로부터 유산으로 농지를 물려 받은 도시의 선의의 소유자가 없은 것은 아니다. 문제는 투기목적으로 농지를 소유하고 있다는 사실이다.

다음은 제도상의 허점이다. 제도적으로는 쌀직불금 지급대상자를 실제 경작 또는 경영하는 농업인 등으로 규정하고 있다. 허점은 이 실제 경작자를 정확히 확인해주지 못하는데 있다. 예컨대 농지를 소유하고 있는 도시민이 자기가 살고 있는 주소지 지자체 창구에 직불금을 신청하면 이 곳 직원이 농사를 짓는지 확인을 해주고 직불금을 지불하는 형식이다. 전화 한통화정도로 경작여부를 가리는 것이다. 돈이 엉뚱한 곳으로 새지 말래도 샐 수 밖에 없는 구조다.

대농민 사과 서둘러라

뒤늦게나마 주무부처가 이러한 폐단을 없애기 위해 '쌀 소득등의 보전에 관한 법률' 개정안을 국회에 제출해 놓고 있다. 소는 잃었어도 외양간은 고쳐져야 한다. 제도 자체가 소멸되는 것은 아니기 때문이다. 개정안은 소득상한을 두고 그 이상은 신청할 수 없게 했으며 직불금 신청은 반드시 농지가 있는 지자체로 창구를 제한하는 한편 부당신청에 대한 제재도 강화했다.

가진자의 부도덕한 과욕이 더 이상 상대적 약자인 농업인을 울리는 일이 있어서는 안된다. 제도나 관리가 더욱 강화돼야 할 것이다.

농축유통신문 2008년 10월 27일 월요일

'장미' 품종육성 더욱 박차를

논두렁 밭두렁

시시각각

김 용 욱 본지 회장

욕망·열정·기쁨, 존경·순결, 맹세, 질투, 수줍음·첫사랑의 고백, 영원한 사랑, 천상에만 존재하는 고귀한 사랑. 아름다움의 표상 장미의 색깔별 꽃말들이다. 이밖에도 송이별, 색깔과 송이별로 각기 다른 여러 의미를 표현하고 있다. 이는 장미가 그만큼 많은 사랑을 받고 있다는 방증일 것이다.

로열티문제 우선 해결

장미는 세계 3대 절화중의 하나다. 장미가 우리나라에서 상업화하기 시작한 것은 80년대 초반이다. 그후 10년가까이 지나면서 재배면적이 급격히 늘어나 이제는 860ha를 넘고 있다. 장미의 국내 연간 생산규모는 약 1600억원으로 전체 화훼 생산액의 17%가량을 차지하고 있다. 더불어 수출유망 작물로서도 확고히 자리하고 있다. 장미수출에 꾸준히 노력해 온 결과 일본시장을 중심으로 1,000만달러 규모의 장미를 수출하고 있으며 시장은 러시아·유럽 등지로 점차 확대추세다.

그러나 장미 재배농가들은 채산성악화를 극복해야 하는 현안을 안고 있다. 고유가나 환율 등 최근의 전반적인 악재는 별개다. 외국산 품종사용에 대한 로열티 부담을 경감하는 문제가 가장 시급하다. 외국뿐 아니라 국내에서도 품종육성자 권리보호가 강화됨으로써 묘목생산비 외에 품종에 대한 로열티를 지급해야 하고 그 부담이 만만치 않기 때문이다. 현재 지급되고 있는 로열티가 장미 한포기당 1달러 또는 1유로라고 한다. 따라서 1ha에 장미를 재배할 경우 로열티만 자그만 6,000만원에 이른다는 것이다.

따라서 농촌진흥청이 이같은 로열티부담을 줄이고 장미 수출경쟁력 제고를 위해 국산 품종연구에 혼신의 노력을 경주하고 있다. 1992년부터 연구에 착수한 농진청은 지난 2000년 '핑크레이디' 등 5품종 발표를 시작으로 15년동안 모두 105품종을 육성하여 증식과 보급을 하고 있다. 현재 국산품종의 보급률은 전체 재배면적의 4.4%로 낮은 편이지만 국산 품종이 수출액의 13%, 수출품종의 36%를 차지함으로써 국산대체 효과의 확대 가능성을 보여 주고 있다.

농진청은 지난 20일에도 2개의 국산 품종을 선보였다. 새로이 육성한 '러빙유'(분홍색·조생종)와 '왈츠'(백/적색·다수성)에 대한 농가재배현장평가회를 통해서다. 평가회는 육성품종에 대한 절화특성·기호도·시장성 등을 평가하고 국내 육성 품종으로서 외국품종과의 경쟁력 여부를 검토하기 위해 가진 것이다. 이결과 보급품종으로 우수성이 인정되면 고유가·고물가·로열티 지불로 어려움을 겪고 있는 장미재재농가에 적극 홍보하고 보급하게 된다.

중대형 '러빙유' 품종은 99년에 교배하여 2007년 육성했으며 '왈츠'는 2002년 교배하여 2006년 육성한 품종이다. 이들 품종은 현재 국내 전문종묘사에서 대량 증식중이며 내년에는 장미농가가 이를 재배할 것으로 보여진다. 특히 현재 분홍색 품종으로 수입재배되고 있는 '발렛' '롤리팝' 등과 특이화색을 가진 '레뷰'·'프로포즈'등 많은 품종들이 있지만 국내 육성한 분홍장미 '러빙유', 특이색 장미 '왈츠'가 본격적으로 출하되면 국내 수요증가는 물론 국내시장 점유율도 점차 늘어날 것으로 기대된다.

3천평에 6천만원 날아가

농진청은 국산품종 장미의 연구과 확대 보급을 위해 2006년부터 장미연구사업단계까지 구성하여 운영하고 있다. 연구단은 국산품종 연구·보급노력을 더욱 강화하여 오는 2010년까지 4.4%인 국산품종 재배비율을 15%로 끌어 올리겠다고 한다. 이 경우 연간 76억원에 달하는 로열티 부담을 절반으로 줄일 수 있다는 것이다.

환영할 일이다. 그러나 농진청 소속 연구기관에만 이를 맡길 일은 아니다. 민·관·산·연 모두가 이에 함께 한다면 외국품종 의존에서 탈피하는 시기를 더욱 앞당길 수 있을 것이다. 로열티 지불국에서 수입국으로의 대전환을 목표로 해야 할 일이다.

농축유통신문 2008년 11월 3일 월요일

'농진청 혁신' 농업발전 밑거름 기대

논두렁 밭두렁

시시각각

김 용 욱 본지 회장

새정부 들어 하마터면 공중분해 될 뻔 했던 농촌진흥청이 변신에 변신을 거듭하고 있다. 지난 달 초 조직을 전면 개편하더니 곧이어 또 하나의 도전이라며 '농업 R&D?보급 선진화 방안'을 내놓았다. 이로써 트렌드의 변화를 연구개발과 기술보급에 지속적으로 반영하고 거버넌스 구축을 통해 기술보급 속도를 높여 시장에서 경쟁할 수 있는 농업이 되도록 하겠다고 했다. 여기서 말하는 거버넌스 체계란 정책부서, 국내외 대학·연구소, 산업체·농업인등과의 네트워킹을 의미한다.

농진청 하마터면 공중분해 될 뻔

아울러 새로운 패러다임이 정착되어 업무 프로세스가 명확해지고 효율성이 높아지게 되면 연구개발에서 보급까지 걸리는 시간이 지금보다 30%이상 단축될 수 있을 것으로 내다봤다. 또 기관간 벽이 허물어져 시너지효과로 생산성이 높아지면 기존에 4~5년 걸리던 연구개발이 2년 이내로 단축될 뿐 아니라 시대와 여건이 바뀌어도 안정적으로 그 효율성이 지속될 수 있다고도 했다.

이번에 제시된 '농업 R&D?보급 선진화 방안'의 골자는 패러다임 전환을 통한 일하는 방식의 개선, 주변 첨단기술 융합을 통한 R&D 영역확대 그리고 새로운 패러다임에 따른 소프트웨어 개편 등 기반을 조성하는 것이다. 따라서 연구체제를 기관(課?) 중심에서 미래성장동력(5), 농업현장 실용화(7), 소비자 식품(3)등 15대 어젠다(과제) 중심의 운영체계로 전면개편한다. 이의 달성을 위한 실천계획으로 15대 어젠다의 하위에 41개 대과제, 93개 중과제를 네트워킹 시스템화하여 과제별로 공개 경쟁체제를 도입하고 일류 연구책임자와 팀이 과제를 수행하도록 하여 연구생산성을 극대화할 수 있게 한다. 이같이 연구에서 기술보급까지 일관체계를 갖추게 되면 30~50% 업무생산성이 높아지고 개발되는 기술도 지금까지와는 달리 현장·수요자 중심의 맞춤형 패키지기술이 나오게 된다는 것이다.

기술보급사업은 획일성을 탈피한다. 주산지·지역특성에 따라 농업기술센터가 중심이 되어 주력 품목(사업)을 특성화할 수 있도록 한다. 기술과 예산을 농식품 개발보급, 사료비 절감, 수출농업, 에너지 절감, 웰빙잡곡생산, 고품질 과수 생산, 신소득작목 개발, 어메니티 지원 개발, 한우 명품화, 도시소비자 농업, 친환경농업, 고품질 쌀 생산 등 12개 유형으로 특성화 선택과 집중을 하도록 함으로써 농업인에게 실질적인 도움이 되도록 전환한다는 것이다.

특히 농업 R&D 영역을 식량생산의 1차산업 개념을 넘어 고부가가치 식품산업 원예치료, 경관농업 등 1~3차 산업으로의 발전에 그치는 것이 아니라 농식품 이외의 분야까지 그 수요를 확장할 수 있는 21C형 신소재·생명산업으로 만들고자 하는데 목적을 두고 있다. 따라서 세계적 추세인 IT·BT?NT 등과의 융복합이 우리 농업의 미래라는 생각하에 천연항생제 봉독, 실크 인공뼈, 인공지능로봇, 나노 DNA센서, LED등 미래성장동력 연구로 그 영역을 넓혀 나가겠다는 것이다.

이와 함께 2015년까지 세계5위의 종자강국 달성을 위한 연구부문을 강화하고 환경·생명산업으로서 농업이 저탄소 녹색성장의 중요 축을 이루고 있는만큼 이에 기여하는 농업 R&D를 강화하여 녹색기술산업의 중심을 농업으로 유도한다. 또한 우리의 우수한 농업전공 고급인력들이 유휴화되지 않도록 해외농업개발에 역량을 집중하여 청년 일자리 창출과 해외농업기반을 구축한다.

연구기술 보급시간 크게 단축

농진청의 이같은 변화는 시대적 조류다. 1962년 발족이래 그동안에도 꾸준한 농업기술의 연구·개발, 보급으로 농업발전을 묵묵히 견인해왔다. 이번의 선진화방안이 계획으로 끝나지 않고 반드시 실현되어 위기에 처한 국내 농업이 한 단계 더 발전할 수 있는 밑거름이 될수 있기 바란다.

농축유통신문 2008년 11월 10일 월요일

해외연수효과 극대화를

논두렁 밭두렁

시시각각

김 용 욱 회장

국내 유수의 신발 수출업체들이 새로운 시장 개척을 위해 아프리카에 현지 조사단을 파견했다. 시장성을 파악하도록 한 것이다. 임무를 마치고 돌아 온 한 팀은 아프리카인들은 아예 신발을 신지 않기 때문에 진출 필요성조차 전무하다고 진단했고 또 다른 한 팀은 모두가 갖고 있는 신발이 없으므로 수출시장으로서 무한한 가능성을 지니고 있다고 분석했다.

이는 물론 지금 얘기가 아니다. 관념의 차이를 말하고자 하는 것이다.

선도농업인 해외연수 밑거름

우리 농업도 마찬가지다. UR이다 DDA다 FTA다 해서 국가간 경계가 사라져 어느 나라 농산물이든 들고 나는게 자유롭다. 따라서 국내시장이나 우리의 식탁은 외국산 농산물이 이미 거의를 잠식하고 있다. 이를 두고 모든 사람들이 우리 농업이 설 땅이 없다고들 한다. 절대적 위기를 맞고 있는 것은 부정할 수 없는 현실이다. 반면 위기는 곧 기회라며 희망의 끈을 놓아서는 안된다고 강조하는 측도 많다. 우리가 갖고 있는 저력을 바탕으로 경쟁력을 키워 나갈 경우 생존과 성장·발전의 해법을 반드시 찾을 수 있다는 것이다.

필자는 여기에 전적으로 동의한다. 우리가 주곡을 자급한지는 20~30년에 불과하지만 우리의 농업기술은 세계 선진 어느 나라에 내놔도 뒤지지 않을만큼 발전했다. 자족형 영농에서 상업농으로 전환한지 오래며 우리 농업인들은 이미 여기에 길들여져 있다. 고도의 농업기술이 상업농의 요체임을 자각하고 있는 것이다. 요는 의지다. 하면 된다는 강력한 의지만 뒷받침된다면 지금의 위기에서 충분히 탈피할 수 있다고 보는 것이다. 다만 경영능력 향상과 리더의 양성은 시급히 보완해야 할 문제다.

정부가 추진하는 선도농업인 해외연수도 이와 같은 맥일 것이다. 농림수산식품부는 선도농업인과 여성농업인 60명씩을 선발하고 4개부문으로 나눠 2개지역에 연수단을 파견한다. 대상자는 중농이상의 경영능력을 갖춘 일반농업인 가운데 심사과정을 거쳐 선발된 사람이다. 식량·과수·과채·화훼·약용·특용작물의 경우 2ha이상, 축산은 한우 30두 이상, 양돈 300두이상, 양계 4,000두 이상의 경영규모로 3년이상 경력을 가져야 신청자격이 주어진다.

연수희망자 접수는 오는 12일까지이며 13일 1·2차 심사를 거쳐 적격대상자를 선발하고 14일 최종 확정통보를 하게 된다. 이렇게 선발이 완료되면 오는 23일부터 12월12일까지 연수팀별로 유럽은 프랑스·네덜란드·독일, 일본지역은 오사카·미에·고베·나라·치바·나가노·군마·동경 등에 파견한다.

이로써 유럽 선진 농업국의 원예·화훼 산업화를 통한 소비수요와 유통구조 변화에 대응하는 경쟁력 강화 전략을 벤치마킹하고 선진축산사례 현장연수교육을 통한 경영 관리 혁신과 친환경 우수품질관리 기법을 벤치마킹토록 한다. 또 유럽에 파견된 여성농업인은 선진사례 현장연수교육을 통한 경영 역량강화와 농촌지역 개발 리더십을 벤치마킹케 한다.

일본 연수의 경우는 농식품 생산·가공·유통·브랜드화 등 해외의 선진사례 교육을 통해 농가경영 혁신과 경쟁력을 강화하는 한편 농산어촌 기업의 엠파워먼트(Empowerment) 사례 견학을 통해 여성농업인의 경영혁신과 리더십 배양을 실현토록 한다. 엠파워먼트란 문제해결 방법으로, 자기 내부의 힘을 길러 적극적으로 자신의 역량을 창출하는 일을 말한다.

농산물 자유롭게 왕래

물론 1주일 안팎의 연수로 연수욕구를 완전히 충족할 수는 없다. 그러나 이번 연수스케줄을 보면 매우 알차게 짜여져 있다.

한정된 시간이라 하더라도 연수효과를 극대화하여 자신의 경영능력 향상뿐 아니라 해외에서 습득한 선진기술을 국내 농업인에게 골고루 전파하여 함께 성장할 수 있도록 하는 리더로서의 책무도 다할 수 있어야 할 것이다.

농축유통신문 2008년 11월 17일 월요일

지열난방 보급 더욱 확대를

논두렁 밭두렁

시시각각

김용욱 회장

시설원예의 지열난방 보급사업이 본격화되고 있다. 이 사업의 뿌리는 정부가 강력히 추진하고 있는 저탄소 녹색성장 정책이다. 이명박대통령은 건국 60주년을 맞이한 올해 8.15 경축사에서 저탄소 녹색성장 전략을 국가발전 비전의 축으로 제시한 바 있다. 이 대통령은 이 자리에서 녹색성장은 녹색기술과 청정에너지로 신성장동력과 일자리를 창출하는 신 국가발전의 패러다임임을 강조했다.

정부가 저탄소 녹색성장을 비전으로 제시한 것은 세계적 흐름을 선도하기 위한 것이다. 우리나라는 세계 10대 에너지 소비국으로서 에너지의 97%를 수입에 의존하고 있다. 앞으로 온실가스 감축의무가 부과될 경우 우리가 안게될 부담이 상상을 초월할 뿐 아니라 기후변화문제가 더욱 심각해질수록 국제 사회는 점차 강한 규제를 통해 각국의 탄소규제를 강제할 것이 가시적 전망이기 때문에 수동적 대응으로는 선진국진입이 불가능하다고 본 것이다.

정부는 이 녹색성장을 뒷받침할 국가에너지기본계획도 수립했다. 건국이래 최초의 20년단위 장기계획이다. 올해부터 오는 2030년까지의 1차 계획이다. 이 장기 에너지정책의 비전은 △에너지를 덜 쓰면서 견실한 성장을 구현하는 사회 △에너지를 쓰더라도 환경오염을 최소화하는 사회 △그린 에너지산업이 일자리와 성장동력을 창출하는 사회 △에너지 위기에도 강건한 에너지 자립 및 복지사회 구현이다.

이를 위해 계획기간동안 에너지효율을 획기적으로 개선함으로써 에너지 저소비사회를 실현한다는 방침이다. 또 석유를 포함한 화석에너지 비중을 현재 83%에서 61%로 축소하는 한편 신재생 에너지 비중은 현재 2.4%에서 11%로 현재대비 4.6배로 확대함으로써 에너지 공급의 탈화석화를 이루기로 했다. 아울러 녹색기술등 에너지기술 수준을 현재 60%에서 최고수준으로 끌어올려 에너지산업을 신성장동력으로 육성하며 석유·가스 자주개발율은 현재 4.2%에서 40% 수준으로 확대하고 현재 7.8% 수준인 에너지 빈곤층을 모두 해소하는 등 에너지 자립·복지사회를 구현해 나간다는 계획이다. 에너지 빈곤층은 광열비 등 에너지 비용이 가구소득의 10% 이상인 가구로서 약 120만가구로 추정되고 있다.

농촌진흥청은 이러한 큰 틀에 맞춰 △에너지 자원기술의 농업적 이용 확대 △기후변화에 대응한 친환경농업기술 △고부가 종자·신소재 산업화 기술개발 △소비자·안전농식품 개발 및 식품산업 육성지원 등 녹색성장 농업 R&D 4대 추진전략을 수립하고 이를 농림수산식품부의 농업정책과 연계해 나가기로 하고 있다.

농진청은 이같은 전략에 따라 지식경제부와 공동으로 시설원예 지열난방 보급사업을 벌이고 있다. 국제 유가상승과 농산물시장 개방으로 어려움을 겪고 있는 시설원예 농가의 경쟁력을 높이고 저탄소 녹색성장의 정부 정책에 부응하기 위해서다. 농진청은 이미 지열난방 보급 지원대상을 112개소, 97.1ha로 확정했다. 사업신청서를 제출한 희망농가와 영농조합 법인체를 대상으로 엄격한 심사를 거쳐 선정했다.

농진청은 이 사업의 효율적 추진을 위해 지난 13일까지 이틀간 이번에 선정된 농가와 법인체 대표를 대상으로 교육을 실시했다. 신재생에너지 보급사업 추진방향, 지열·히트펌프 원리, 지열난방 보급사업현황과 추진절차를 교육하고 현장견학도 시켰다.

고유가시대 난방비 절감은 시설원예농가의 최대숙원이다. 그런 점에서 지열난방보급사업에 지식경제부가 적극 나서 준 것은 매우 고무적인 일이라 할 것이다. 내년에는 예산을 더욱 확대편성하여 더많은 농업인들이 난방비 부담 고통에서 벗어날 수 있게 해야 할 것이다.

농축유통신문 2008년 11월 24일 월요일

신품종 육종가 참여확대 유도를

논두렁 밭두렁

시시각각

김 용 욱 회장

개인 육종가 안재영씨(한아름농원:강원도 영월군 수주면 두산리)가 제4회 대한민국 우수품종상 대통령상의 영예를 안았다. 백합품종(두산)으로 경제성 등 우수성을 인정받아 수상한 것이다. 이밖에 출품품종 가운데 2점이 국무총리상, 5점이 농림수산식품부장관상을 수상했다. 국내에서 육성하여 출품한 57품종 가운데 엄격한 심사를 거쳐 선정된 것이다.

육종가의 육종의욕을 높여 육종저변을 확대함으로써 농업의 대외경쟁력을 제고하기 위해 2005년 제정된 대한민국 우수품종상 가운데 대통령상은 1회 사과(홍로), 2회 딸기(매향), 3회 박(불로장생)등 각기 다른 작목들이 수상을 했다. 이는 육성품종이 다양화돼 있다는 방증일 것이다.

특히 이같은 육성품종 다양화는 제도적으로 육성자가 철저히 보호를 받고 있는데 기인할 것이다. 식물신품종 보호제도가 그 것이다. 이 제도는 육성자가 신품종을 육성했을 때 당해 신품종을 출원하여 품종보호권이 설정되면 독점적 권리를 행사할 수 있도록 함으로써 육성자의 지적재산권을 최대한 보호해주는 일종의 특허제도다.

만약 이러한 품종보호권이 없다면 육성자가 개발한 품종을 다른 사람이 쉽게 복제하여 상업화할 수 있다. 이렇게 될 경우 육성에 소요된 개발비용을 회수할 수 없게 되고 육종투자에 대한 이익을 창출할 수 없게 된다. 따라서 타인의 권리침해를 차단하는 것이다.

그러나 모든 품종이 보호를 받는 것은 아니다. 보호대상작물이 먼저 선정된다. 작물별 국제경쟁력 수준, 농업에 미치는 영향등이 종합적으로 고려된다. 이를 선정할 때는 관련전문가·농업인등 각계의 의견이 수렴되고 이를 반영한다. 시행초기 벼를 비롯해 27개 작물에 불과하던 대상작물이 국가 전략적 차원에서 점차 확대되어 지금은 233개 작물에 이른다. 내년에는 보호대상작물이 모든 작물로 확대될 전망이다.

이 대상작물 가운데 개발되는 신품종은 일정한 요건을 갖춰야 한다. 신규성·구별성·균일성·안전성과 고유한 한 개의 품종 명칭을 가져야 한다. 이같은 품종보호요건을 구비한 뒤 규정된 출원방식에 위배되지 않으면 품종보호권이 주어지는 것이다.

이러한 요건을 충족하여 육성된 신품종을 등록할 경우 품종개발비를 지원하고 기술연수지원도 하게 된다. 품종개발비 지원 대상은 내국인으로서 개인 또는 상시 근로자 20인이하의 직원을 보유한 민간 종자생산 소규모 법인체다. 다만 신품종으로 육성돼 국내에 품종보호 출원을 하고 최근 2년간 품종보호 등록이나 출원공고를 한 품종이라야 한다. 이들에게는 품종당 500만원까지 지원되며 심사를 거쳐 동일인에게 최대 5개 품종까지 지원이 가능하다. 그러나 국가 또는 지장자치단체의 공무원이 직무상 육성한 경우에는 지원을 받을 수 없다.

기술연수는 해외 육성현장·시장에 대한 육종기술 습득과 수출시장 개척을 위한 정보수집을 위해 지원된다. 따라서 해외 종자수출시장 정보와 유전자자원을 수집토록 하고 수출전망이 밝은 유럽·남미·동남아등의 해외 종자박람회, 농산물 도매시장 견학을 통해 수출정보를 수집할 수 있게 지원을 한다. 대상은 개인육종가 협의체에 가입된 회원이며 올해 지원예산을 5,100만원으로 민간경상 보조 50% 자부담 50%로 충당한다.

이와같이 신품종을 보호할 수 있는 제도적 장치가 마련되어 있고 육종가를 적극 지원하고 있다. 외국 품종 사용으로 엄청난 로열티를 지불하고 있는 우리로서는 우수품종 개발을 통한 외국품종 대체만큼 시급한 일이 없어 보인다. 보다 많은 육종가가 참여할 수 있는 강력한 유인책이 필요한 시점이다.

신품종 육종가 참여확대 유도를

논두렁 밭두렁
시시각각

김 용 욱 회장

개인 육종가 안재영씨(한아름농원:강원도 영월군 수주면 두산리)가 제4회 대한민국 우수품종상 대통령상의 영예를 안았다. 백합품종(두산)으로 경제성 등 우수성을 인정받아 수상한 것이다. 이밖에 출품품종 가운데 2점이 국무총리상, 5점이 농림수산식품부장관상을 수상했다. 국내에서 육성하여 출품한 57품종 가운데 엄격한 심사를 거쳐 선정된 것이다.

육종가의 육종의욕을 높여 육종저변을 확대함으로써 농업의 대외경쟁력을 제고하기 위해 2005년 제정된 대한민국 우수품종상 가운데 대통령상은 1회 사과(홍로), 2회 딸기(매향), 3회 박(불로장생)등 각기 다른 작목들이 수상을 했다. 이는 육성품종이 다양화돼 있다는 방증일 것이다.

특히 이같은 육성품종 다양화는 제도적으로 육성자가 철저히 보호를 받고 있는데 기인할 것이다. 식물신품종 보호제도가 그 것이다. 이 제도는 육성자가 신품종을 육성했을 때 당해 신품종을 출원하여 품종보호권이 설정되면 독점적 권리를 행사할 수 있도록 함으로써 육성자의 지적재산권을 최대한 보호해주는 일종의 특허제도다.

만약 이러한 품종보호권이 없다면 육성자가 개발한 품종을 다른 사람이 쉽게 복제하여 상업화할 수 있다. 이렇게 될 경우 육성에 소요된 개발비용을 회수할 수 없게 되고 육종투자에 대한 이익을 창출할 수 없게 된다. 따라서 타인의 권리침해를 차단하는 것이다.

그러나 모든 품종이 보호를 받는 것은 아니다. 보호대상작물이 먼저 선정된다. 작물별 국제경쟁력 수준, 농업에 미치는 영향등이 종합적으로 고려된다. 이를 선정할 때는 관련전문가·농업인등 각계의 의견이 수렴되고 이를 반영한다. 시행초기 벼를 비롯해 27개 작물에 불과하던 대상작물이 국가 전략적 차원에서 점차 확대되어 지금은 233개 작물에 이른다. 내년에는 보호대상작물이 모든 작물로 확대될 전망이다.

이 대상작물 가운데 개발되는 신품종은 일정한 요건을 갖춰야 한다. 신규성·구별성·균일성·안전성과 고유한 한 개의 품종 명칭을 가져야 한다. 이같은 품종보호요건을 구비한 뒤 규정된 출원방식에 위배되지 않으면 품종보호권이 주어지는 것이다.

이러한 요건을 충족하여 육성된 신품종을 등록할 경우 품종개발비를 지원하고 기술연수지원도 하게 된다. 품종개발비 지원 대상은 내국인으로서 개인 또는 상시 근로자 20인이하의 직원을 보유한 민간 종자생산 소규모 법인체다. 다만 신품종으로 육성돼 국내에 품종보호 출원을 하고 최근 2년간 품종보호 등록이나 출원공고를 한 품종이라야 한다. 이들에게는 품종당 500만원까지 지원되며 심사를 거쳐 동일인에게 최대 5개 품종까지 지원이 가능하다. 그러나 국가 또는 지장자치단체의 공무원이 직무상 육성한 경우에는 지원을 받을 수 없다.

기술연수는 해외 육성현장·시장에 대한 육종기술 습득과 수출시장 개척을 위한 정보수집을 위해 지원된다. 따라서 해외 종자수출시장 정보와 유전자지원을 수집토록 하고 수출전망이 밝은 유럽·남미·동남아등의 해외 종자박람회, 농산물 도매시장 견학을 통해 수출정보를 수집할 수 있게 지원을 한다. 대상은 개인육종가 협의체에 가입된 회원이며 올해 지원예산을 5,100만원으로 민간경상 보조 50% 자부담 50%로 충당한다.

이와같이 신품종을 보호할 수 있는 제도적 장치가 마련되어 있고 육종가를 적극 지원하고 있다. 외국 품종 사용으로 엄청난 로열티를 지불하고 있는 우리로서는 우수품종 개발을 통한 외국품종 대체만큼 시급한 일이 없어 보인다. 보다 많은 육종가가 참여할 수 있는 강력한 유인책이 필요한 시점이다.

농축유통신문 2008년 12월 1일 월요일

농가소득증대 반드시 연계돼야

논두렁 밭두렁

시시각각

김 용 욱 회장

정부가 쌀 소비확대에 팔을 걷었다. 쌀 가공식품산업을 키우겠다는 것이다. 이를 통해 쌀 가공식품업체의 원가부담을 완화하고 수입에 기대고 있는 밀가루를 대체하여 수입을 줄이는 동시 쌀의 적정재고관리로 정부재정 손실을 절감하고 고용을 창출한다는 계획이다.

국내 쌀 생산은 시장개방과 추곡수매제폐지등의 영향으로 크게 줄었다. 지난 70년 394만톤이던 쌀 생산량이 85년 563만 톤을 정점으로 줄기 시작하여 지난해에는 441만 톤으로 감소했다. 그럼에도 재고는 계속 적체현상을 벗어나지 못하고 있다. 2008 양곡연도말 정부재고미(국산)는 51만 톤으로 이 가운데 2년이상 구곡이 41만 톤에 달한다. 구곡만 연간 생산량의 10분의 1에 해당하는 꼴이다.

이 처럼 쌀 재고가 쌓이는 것은 공공비축미를 정부가 사들이고 있고 가공동 MMA(최소시장접근) 물량의 수입이 점진적으로 증가하고 있기 때문이다. 더 큰 이유는 쌀 소비량의 대폭 감소를 들수 있을 것이다. 1인당 식량소비량이 2002년 87kg에서 지난해에 79.6kg으로 떨어져 최근 5년사이 무려 11.6%나 줄어들었다. 재배면적 감소 7.8%를 훨씬 웃도는 것이다.

따라서 쌀의 지속적인 수급안정을 위해서는 새로운 수요창출이 절대 필요하다. 정부는 가장 효율적인 방안으로 수입 밀을 대체할 쌀 가공식품 개발을 선택했다. 현재 국내에 식용으로 들어오는 밀만 200만 톤을 훨씬 넘는다. 통계에서 보면 지난 70년 125만 톤이던 밀 수입이 90년대 200만 톤, 2006년 300만 톤을 상회하여 계속 증가추세를 나타내고 있다. 이 같이 쌀 생산량의 60~70%씩 들어오는 밀의 국제가격은 전반적인 국제곡물가격 폭등에 편승하여 엄청나게 올랐다. 2006/2007 곡물년도 톤당 181달러이던 국제가격이 지난해 12월 350달러, 올 3월 424달로 뛰었고 9월에는 278달러로 다소 고개를 숙였다.

정부가 이와 같이 밀을 타켓으로 한 것은 가공정도가 높을수록 쌀 가공제품과 밀 가공제품간 가격차가 적어 충분한 경쟁력을 갖고 있다는 분석에 따른 것이다. 예컨대 가루 상태에서는 국산 쌀 제품이 kg당 2,500원, 밀 제품이 900원으로 가격차가 2.8배에 달하지만 생면으로 가공했을 경우는 쌀 7,333원, 밀 4,800원으로 1.5배, 스파게티를 조리했을 때는 7,156원, 6,496원으로 1.1배로 줄어든다는 것이다.

정부는 이러한 밀과의 경쟁가능성을 바탕으로 떡볶이산업, 쌀국수, 쌀라면 등으로 밀가루수요를 대체하고 즉석 밥, 쌀 과자, 쌀 생면, 주류, 기타 등 잠재수요를 확대하는 한편 쌀가루 프리믹스, 베트남 쌀국수, 당, 전분등 신규수요를 개발한다는 방침이다. 이를 통해 오는 2012년까지 쌀 가공식품산업규모를 2배이상 확대키로 하고 있다. 현재 1조원규모인 쌀 가공식품산업의 매출액을 2조원으로 키우고 따라서 국산 쌀 가공용 사용량을 12만 톤에서 24만톤으로, 수입쌀 가공용은 10만톤에서 20 만 톤으로 각각 늘리겠다는 것이다.

이를 위해 쌀 산업과 가공산업의 연계를 강화하고 쌀가루 중심의 원료 유통체계를 구축하는 동시 원료공급의 다양화, 품질향상을 위한 R&D 등 지원강화, 수요확대를 위한 홍보지원, 쌀 가공식품분야 투자활성화와 고용창출 유도등의 조치를 취하게 된다.

이렇게 되면 가공용 원료공급 확대를 통해 연간 약 650억원의 원가부담 완화효과가 기대된다. 또 가공용 쌀소비량 증가로 밀가루소비를 대체할 경우 545억원의 수입비용이 절감될 것으로 예측된다. 특히 1조원 매출이 상승할 경우 약 3,200명의 추가 고용 창출효과도 나타날 것으로 분석되고 있다.

밀 수입대체도 좋고 고용창출도 좋다. 무엇보다 중요한 것은 이 사업이 농가소득증대와 반드시 연계돼야 한다는 점이다.

농업용 무인헬기도 융자지원을

논두렁 밭두렁

시시각각

김용욱 회장

지난 2일 수원벌에 헬리콥터가 떴다. 수백m 상공을 나는 군사용이나 수송용이 아니다. 농업용이다. 최근 농업용무인헬기가 보급되어 점차 확대되고 개발참여업체까지 늘고 있어 이의 효율적 이용을 위해 농촌진흥청이 잔치를 벌였다. 제1회 농업용무인헬기 경진대회를 개최한 것이다. 이날 대회에는 농업용무인헬기 조종기능을 인정받은 조종사 30명이 참여하여 기량을 겨뤘다. 헬기의 안전조정과 농약의 살포 균일도 등이 평가대상이었다.

농진청이 이번 행사를 갖게 된 것은 농업용무인헬기의 안전하고 효율적인 운영방안을 찾기 위해서다. 이를 통해 노력절감형 친환경농업을 실현하고 농촌노동력의 고령화에 적극 대처코자 하는 것이다. 병충해 방제는 1년농사의 성패를 좌우한다. 그러나 재래 방제장비는 효율적 방제에 한계가 있다. 농촌이 고령화사회에 접어들면서 노동력이 뒷받침되지 못한다. 설혹 노동력이 있다 하더라고 작업능력이 떨어져 적기방제가 쉽지 않다. 게다가 살포가 고르지 않아 방제효율을 높일 수가 없다. 따라서 광역살포기 등이 속속 출연하고 있지만 이 역시 농약의 비산으로 주변에 피해를 주는 경우가 많고 환경단체와의 마찰도 적지 않다.

이같은 단점을 보완할 수 있는 것이 농업용 무인헬기다. 따라서 농진청이 대우중공업과 한때 개발을 시도했으나 실패했던 것으로 알려지고 있다. 반면 일본은 20여년전 농업용 무인헬기를 개발하여 전역에 2500여대가 보급됐으며 연간 100만ha를 이 헬기로 방제하고 있다고 한다.

이 무인헬기로 방제할 경우 작물 위 3~4m 높이에서 7.5m 폭으로 농약을 살포함으로써 정밀방제가 가능해 농약의 비산이 거의 없다는 것이다. 또 헬기의 프로펠러가 밑으로 내려치는 바람으로 인해 작물이 흔들리는 상태에서 농약을 뿌리기 때문에 벼의 밑부분이나 엽면 등에 농약이 확실히 침착하게 되어 뛰어난 살포효과를 거둘 수 있다고 한다. 특히 1ha 살포시간이 6분에 그쳐 시간당 10ha를 방제할 수 있어 작업효율성이 매우 높다는 것이다.

현재 일본에 보급되고 있는 농업용 무인헬기 가운데 RMAX라는 모델이 거의 독점을 하고 있다. 바로 이 모델이 국내에 들어와 있는 것이다. 이 농업용 무인헬기를 도입한 국내 M社 는 지난 2003년 회사를 설립하고 그 해부터 지난해까지 17대를 도입해 보급했다. 도입량을 계속 확대할 계획이었으나 공급사가 내부 사정에 의해 일본 정부로부터 9개월간 수출금지명령을 받음으로써 도입이 중단됐다. 그 시한이 내년 12월 18일이다. 따라서 금수조치가 끝나는 대로 40대의 무인헬기를 추가도입할 것으로 보인다.

이와는 별도로 국내기업이 농업용 무인헬기 시장에 참여한다. 리모에이치라는 모델을 이미 생산하여 일선 농협과 공급계약을 체결한 바 있는 이 회사는 독일산 엔진을 제외한 모든 부품을 순수 자체기술로 개발함에 따라 일본산보다 저렴한 가격에 보급할 수 있는 강점을 지니게 됐다. 이 회사는 최근 2호기의 출시를 계기로 양산체제에 돌입한 것으로 전해진다.

또, 동력 행글라이드 항공방제기 'Airjin No.1'을 개발하여 특허 출원한 기업도 있다. 행글라이드 형태로 엔진과 프로펠러로 몸체를 공중부양시켜 농약이나 비료를 살포할 수 있는 기술을 원리로 하고 있다.

이들 국내 기업이 본격 양산에 들어가게 되면 농업용 무인헬기시장은 3파전 양상을 띠며 무인항공방제시대의 꽃을 피울 것이다. 소비자 입장에서는 반길 일이다. 문제는 공급가격이다. 1억 5000만원에서 2억원 수준이다. 물론 개별 농가가 이를 구입할 수는 없다. 단위농협이나 공동이용시설로 구입하더라도 구입에 부담이 되는 것은 틀림이 없다.

따라서 이를 농업기계 범주에 포함시켜 구입비를 융자지원하는 방안이 강구돼야 할 것이다.

농축유통신문 2008년 12월 15일 월요일

소득 높이고 건강도 지키고

논두렁 밭두렁

시시각각

김 용 욱 회장

보리하면 중년이후 층은 쉽게 보릿고개를 떠올릴 것이다. 쌀자급이 되지 않던 시절 1년 먹을 쌀을 생산하는 농가가 그리 흔치 않았다. 대다수 농가들이 매년 봄철쯤 되면 쌀이 떨어져 궁핍한 생활을 해야 했다. 달리 먹을거리를 조달할 수 없었기 때문이다. 햇보리가 나올 때까지가 소위 보릿고개로 춘궁기라 했다.

당시 보리는 역시 주곡으로써 쌀이상의 가치를 지녔었다. 쌀이 나오기 전까지는 보리를 주식으로 끼니를 때웠고 수확기 이후에는 혼식용으로 활용되기도 했다. 이 때는 정부가 주도적으로 쌀부족을 극복토록 여러 시책을 내놓던 시절이다. 혼분식을 장려하기 위해 국제시장에서 가격이 저렴한 소맥을 도입하여 분식용으로 공급했고 보리특유의 껄끄러움을 없애기 위한 할맥과 취사의 용의성을 위한 압맥을 공급하기도 했다.

이렇게 주곡으로 없어서는 안될 보리가 쌀자급과 식생활 변화를 계기로 우리 식단에서 자취를 감췄다. 1985년 10만ha가 넘는 면적에서 22만여톤을 생산하던 보리가 2006년에는 2만5000ha에 9만5000여톤으로 줄었다. 그러나 10a당 수량은 85년 222kg이던 것이 2006년에는 498kg으로 배를 훨씬 넘게 늘었다. 품종개량 탓일 것이다.

그동안 새로운 품종개발에 힘써온 농촌진흥청이 이번에는 전혀 색다른 품종의 보리를 내놨다. 기능성이 풍부한 색깔 있는 보리를 개발한 것이다. 자색을 띠고 있어 자수정 찰쌀보리·자주찰쌀보리·보라 찰보리로 명명됐다고 한다. 이들 품종은 기존 품종에 없던 항산화 기능성을 가진 안토시아닌 함량이 많이 들어 있고 품질이 우수해 성인병 예방에 매우 효과적이라고 했다.

자수정 찰쌀보리는 당뇨병과 대장암 예방에 좋다는 베타글루칸이 풍부하고 안토시아닌을 함유한 최초의 자색 찰쌀보리 품종이라고 한다. 자주 찰쌀보리는 쓰러짐에도 잘 견디고 봄철 보리밭에 많이 발생하는 보리 누른모자이크병에 강한 품종으로 찰기가 좋아 통보리를 이용한 보리가루 가공산업에 새로운 브랜드 개발을 기대하기도 했다. 이밖에 성장기 어린이게게 필요한 필수아미노산과 포화지방산 및 비타민 함량이 높아 유아식으로 적합한 배아찰보리도 개발했다.

특히 새로 개발한 이들 보리에 함유된 베타글로칸은 콜레스테롤 수치를 감소시키는 효과가 있는 것으로 보고된 바 있다. 지난 2005년 미국에서 열린 실험생물학 학술회의에서 건강하지만 콜레스테롤 수치가 높은 남녀 성인들을 대상으로 연구를 진행한 결과 보리속 베타글루칸 성분들이 심혈관계 질환을 예방하는데 상당한 도움을 줄 수 있다고 밝힌 것으로 알려져 있다. 보리속 베타글루칸 성분이 2형 당뇨병이나 심혈관계 질환이 발병할 확률이 높은 대사계 증후군 환자들에게서 콜레스테롤 수치를 낮추는데 괄목할만한 영향을 미쳤을 뿐 아니라 혈당수치를 감소시키는 등 다양한 효과를 발휘했다는 것이다. 국내에서도 면역력 증가·체지방분해·다이어트 등 효능을 살린 베타글루칸 식품들이 외국산을 포함해 많이 유통되고 있다.

한편 안토시아닌은 동맥에 침전물이 생기는 것을 막아 피를 맑게 하며 심장질환과 뇌졸중 위험을 감소시킨다고 한다. 아울러 강력한 항산화 작용과 노화방지기능을 가진 건강물질로 각광받고 있다.

이같은 효능이 속속 밝혀지면서 보리가 주곡에서 건강식품으로 재탄생되고 있다. 농진청의 유색 보리품종개발을 계기로 재배를 확대하여 농가소득을 높이는 동시 국민건강증진에 기여할 수 있기를 기대한다.

농축유통신문 2008년 12월 22일 월요일

몽골 농업현대화를 이끄는 우리기술

논두렁 밭두렁

시시각각

김 용 욱 회장

징기스칸으로 인해 세계 역사의 무대에 오르게 된 몽골. 그 몽골에 우리나라가 농업현대화 바람을 일으키고 있다고 한다. 농촌진흥청이 선봉에 섰다. 우리가 개발한 기술을 그들 농업에 접목시킴으로써 불을 붙인 것이다. 우리기술이 들어가면서 동몽골의 27만ha에 달하는 대규모 농업개발 지역의 마스터플랜을 짜고 시범농장운영도 시작했다는 소식이다.

남한의 16배에 달하는 157만㎢의 국토면적에 서쪽의 알타이 산맥, 동남쪽의 고비사막이 국토의 21%, 산림이 8%, 나머지 71%가 초원(스텝)인 몽골은 본디 사회주의 국가였다. 몽골이 탈 사회주의화한 것은 1998년이다. 개혁정책과 민주화를 선포한 것이다.

이를 계기로 서방국가들과 외교관계를 개선하는데 주력하면서 선진국들과 우리나라의 원조를 이끌어 냈으며 유엔·적십자사 등 국제기구를 통해 대외교류를 확대하고 외국의 자본투자를 유도하기 위한 정책들을 도입하기도 했다. 92년 개방정책의 상징으로 '몽골인민공화국'이란 국호를 '몽골공화국'으로 개칭한 몽골이 우리나라와 국교를 맺은 것은 그 2년전이다. 이로써 그들 정부는 우리나라를 경제성장의 모델로 삼았고 수교 1년뒤인 91년에는 직선으로 당선된 오치르바트 몽골대통령이 한국을 최초로 방문하기도 했다. 이후 양국간 공무원 연수, 학술대회 개최 등 교류가 활발해졌다.

몽골의 농업현대화와 관련한 우리 기술의 보급도 그 연장선상으로 이해하면 된다. 농진청 초지사료연구센터는 올해부터 몽골 과학식물연구소와 공동으로 몽골지역에 생산성이 낮은 자연초지개량과 사막화 방지를 위해 다년생 목초를 이용하는 시험연구에 들어 갔다고 한다. 그 일환으로 몽골에서 휘트그라스류·블루그라스류·황색 알팔파류·스위트클로버류등 5초종의 목초류를 재배하고 있으며 그 지역에 적응을 잘하고 질적으로 우수할 뿐 아니라 생산성을 20~30% 향상시키는 목초선발과 개발된 기술을 접목해 좋

용기술 지원등을 하고 특히 국내에서 개발된 이탈리안 라이그라스·보리·호밀 등을 보급한다. 아울러 몽골에서 생육이 양호한 목초류는 건조·추위·염해에 강한 특성을 갖고 있어 상호 유전자원 교류를 통해 우리나라 간척지에 적용할 수 있는 가능성을 검토하고 점진적인 도입을 계획하고 있다.

그러나 몽골의 기후 특성상 단기간 내에 보급된 기술이 효력을 나타내기는 쉽지 않을 수도 있다. 기후조건이 우리와 판이하기 때문이다. 몽골의 기후는 전형적인 대륙성 기후로 날씨의 변화가 심하고 건조하다. 특히 겨울이 10월부터 이듬해 4월까지로 길어서 봄·여름·가을을 합쳐봐야 겨우 5개월 밖에 되지 않는다. 기온도 지방에 따라 다르지만 평균적으로 연중 가장 더운 7월에 12~20℃이며 추운 1월에는 -15℃ 안팎으로 그 이하로 떨어질 때도 많은 편이다. 하루 평균기온이 0℃ 이상인 날이 연평균 170~190일 정도라고 한다.

연평균 강수량도 매우 적고 강우량의 65~78%가 여름에 내린다. 연평균 비내리는 날이 15일에서 20일 사이이며 동부가 30일, 북부가 50일 정도다. 이 때문에 농작물 재배가 어려워 지방 대부분의 사람들이 유목생활을 할 수 밖에 없는 것이다. 우리의 선진 농업기술을 간절히 바라는 이유이기도 하다.

비록 기후환경이 최악이라 해도 우리 기술이 이를 능히 극복할 것으로 본다. 따라서 보다 적극적인 기술보급과 지도를 통해 낙후된 몽골 농업을

농축유통신문 2009년 1월 12일 월요일

농산물 사이버거래 활성화를 기대한다

논두렁 밭두렁

시시각각

김 용 욱 회장

B2B(Business to Business), B2C(Business to Consumer). 다른 산업에서 익숙해져 있는 이런 용어들을 농업분야에서도 쉽게 들게 된다. 물론 농수산물도 사이버거래가 되지않고 있는 것은 아니다. 그러나 B2C가 중심을 이루고 있으며 B2B는 아직 미미한 상태다.

B2B는 기업과 기업간 전자상거래로서 개방된 통신망을 이용해 불특정 다수 기업간의 거래나 기업간의 전자적인 거래를 의미한다. B2C는 기업과 소비자간의 전자상거래를 말하는 것이며 기업입장에서는 고객의 요구를 신속히 파악할 수 있고 적은 자본으로 판매거점을 확보할 수 있는 이점을 지니고 있다.

이러한 형태의 농수산물 거래활성화에 정부가 나선다. 농림수산식품부가 이달중 '농수산물 사이버 거래소'를 발족시키는 것이다. 생산자는 제값을 받고 소비자는 싼값에 농수산물을 이용할 수 있게 하기 위해서다.

새로이 설립되는 농수산물 사이버 거래소는 민간이 추진하기 어려운 상품코드와 캐덜로그 표준화등 인프라를 구축한다. 규격화된 품목을 대상으로 대규모 사이버거래(B2B)를 직접 수행함으로써 향후 민간기업이 참여할 수 있는 기반을 마련한다. 또 친환경농산물과 명품 농수산물을 대상으로 철저한 검증을 거쳐 '거래소 인증' 마크를 부여하고 사이버거래소에 진열 판매한다. 이로써 판로확보와 신뢰구축에 애로를 겪고 있는 생산농가와 소비자의 안심 농산물 구입에 편의를 제공하게 되는 것이다. 아울러 B2B 전자거래에 대한 경험이 부족한 농수산분야 참여업체, 산지조직, B2C 참여 농업인에 대한 사이버거래 교육을 지원함으로써 사이버거래를 촉진시킨다.

사이버거래소 발족을 계기로 초기 농수산물 B2B 거래의 조기정착을 위해 거래참여자의 애로사항 해결을 위한 분쟁조정위원회와 구매자의 대금결제 지원을 위한 정산소 운영등 다양한 활성화 방안도 추진한다. 따라서 판매자에게는 판매대금의 안정적인 결제로 부실채권에 따른 경영부담이 최소화되고 구매자에게는 구매자금 공급확대로 기업규모화가 촉진될 것으로 기대하고 있다.

농수산물 사이버 거래소가 정상적으로 운영될 경우 전체 사이버거래 확대추세에 비해 미미한 수준인 농수산분야 B2B 거래가 확대되고 거래당사자를 탐색하는데 소요되는 비용을 줄이는 동시 상·물 분리에 따른 물류 효율성 증대등 유통구조개선에 기여할 것이라는게 당국의 분석이다.

전체 사이버거래는 연평균 23.8%가 신장되고 있는 것으로 알려져 있으며 농수산분야 B2B거래는 오는 2013년 8,000억원을 목표로 하고 있다. 특히 보증사고에 의한 대위변제율이 일반보증은 4.1%인데 반해 B2B 전자보증은 0.5%로 8분의 1에 그쳐 신용보증기금의 경우 일반보증을 축소하고 B2B전자보증을 확대하는 추세인 것으로 알려지고 있다. 그만큼 B2B거래의 결제가 안정적이라는 사실을 입증하고 있는 셈이다. 또 앞에서 말한 상·물 분리란 수요자와 공급자가 사이버상에서 농수산물의 거래를 체결하고 물류는 별도로 정해진 절차에 따라 분리되는 거래시스템을 일컫는다.

우리는 지금 인터넷이라는 도구를 통해 어느회사 제품이나, 언제 어디서나 주문하고 결제하면 안방에서 배달받아 사용할 수 있는 인터넷 비즈니스 마케팅시대에 살고 있다. 정부의 농수산물 사이버거래소 발족은 오히려 때늦은 감이 없지 않다. 거래소 설립을 계기로 농수산물의 사이버거래를 활성화 시켜 시장개방확대에 따른 농수산물가격 하락으로 고통받고 있는 농수산인들의 시름을 덜어줄 수 있기를 기대한다.

농축유통신문 2009년 1월 19일 월요일

일자리 창출로 보다 밝은 사회를

논두렁 밭두렁

시시각각

김용욱 회장

글로벌 금융위기의 파장이 줄어들기를 바라는 국민들의 여망과는 달리 더욱 확산되고 있어 우울하다. 정부가 경제살리기에 올인을 하고 있지만 정치권은 당리당략에 매달려 민생문제 해결에 등을 돌림으로써 일보의 진전도 보이지 못하는 암울함만을 연출하고 있다.

상황이 이 모양이니 갈수록 쏟아지는 기업의 부도나 파산사태를 그냥 보고만 있을 수 밖에 없는 노릇이다. 최근 법정관리 신청을 낸 쌍용자동차에서 보듯이 거대 기업들조차 기둥이 언제 무너질지 알 수 없는게 현실이다. 그렇지 않아도 높은 실업률로 수를 헤아릴 수 없는 청장년들이 지금 이 시간에도 일자리를 찾아 배회하고 있는 터에 기업 도산의 속출이 지속된다면 얼마나 많은 근로자가 길거리로 내몰릴지, 노숙자는 또 얼마나 양산될지 점치기 어렵다.

쌍용자동차 공장소재지인 평택의 경우만해도 당장 문을 닫을 경우 가족까지 합쳐 4만에 이르는 식구의 생계가 위협을 받게 된다고 한다. 게다가 협력업체가 2·3차까지 합치면 모두 600개에 달하고 있어 그 수는 엄청나게 늘어나게 되고 결국 지역경제가 생명력을 잃게 될 수 밖에 없다.

결코 그런 참담한 결과가 초래되서는 안된다. 실업사태의 심각성 때문에 그같은 상정을 해보는 것이다. 정부가 민·관 합동으로 신성장동력 펀드를 조성하는 것도 이와 맥이 다르지 않다. 이 분야의 민간투자를 유치하여 오는 2013년까지 최대 3조원의 펀드를 만들고 녹색기술·첨단융합 등 17개의 신성장동력 산업을 추진하여 향후 10년간 350만개의 일자리를 창출하겠다는 것이 정부의 계획이다.

농림수산식품부도 이에 힘을 보태고 있다. 지난 13일부터 15일까지 사흘간 한국마사회 컨벤션홀에서 개최한 '농림수산식품분야 일자리 채용박람회(AGRO GREEN JOB FAIR)'가 그 것이다. 이번에 나온 일자리는 농촌진흥청·산림청 등의 연구분야 2,376명, 농산물품질관리원 등의 검사·조사평가요원 1,183명, 행정인턴등 사무분야 1,476명, 마케팅 등 민간분야 330명, 기타 1,912명 등 모두 7,277명이다.

이 가운데 국립수산과학원·산림과학원·농촌경제연구원등 국책연구기관은 석박사급 고급인력 168명에게 일자리가 제공되지만 단기고용이 많은게 흠이다. 전체 일자리중 ·12개월이상이 2142개이며 4개월에서 12개월 미만이 4,533개로 62%를 차지하고 6개월 미만도 602개나 된다. 한편 채용인원의 53%인 3,843명은 오는 3월이내에 채용여부가 결정된다고 한다.

이같은 일자리는 농림수산식품부를 비롯하여 농림수산식품분야의 공공기관과 민간업계가 심각한 실업난 해소를 위해 각 기관의 인건비·기관운영비 등을 최대한 절감함으로써 필요한 재원을 확보하여 창출하게 됐다는 것이 채용박람회 주최측의 변이다. 또 가능한 많은 사람들에게 일자리를 제공하기 위해 노력했으나 여러 여건상 정규직을 많이 확보하지 못한 점이 아쉽다고도 했다. 그러나 필요한 사람들에게 큰 도움이 될 것으로 생각한다며 추가로 일자리 창출에 지속적으로 노력하겠다는 다짐도 하고 있다.

기존 조직에 결원이 발생하여 이를 충원하거나 신규조직의 구성으로 인력을 채용하는 경우라면 새로운 일자리 창출이라고 하는 것은 적절치 않다. 비록 정규직이 아니어서 영구적인 신분보장이 되지 않아 만족스럽지 못하지만 이처럼 제반 비용을 아끼고 모아서 일할 수 있는 기회를 부여했다는 사실은 매우 뜻있는 일이라 해야 할 것이다. 모든 기관·단체가 이같은 일자리 창출에 힘을 모은다면 사회는 더욱 밝아질 것이다. 역지사지로 실업의 고통을 이해하고 나누는 일이기 때문이다.

농축유통신문 2009년 1월 26일 월요일

조사료로 사료비 부담 줄이자

논두렁 밭두렁

시시각각

김 용 욱 회장

한우 사육 농가는 지난해 연말 정부가 내놓은 한우산업발전대책에 관한 정보를 갖고 있을 것이다. 골격은 생산성향상과 품질고급화, 한우산업 조직화, 유통개선과 직거래 확대등을 통해 한우산업을 농가 소득산업으로 정착시키겠다는 것이다.

생산비는 낮추고 품질을 높여서 경쟁력을 갖게 하자는 것이다. 이 대책은 2012년 한우의 목표가격을 설정해두고 있다. 즉 현재의 호주산갈비(냉장)의 3배 가격인 한우 1등급을 2.6배로, 호주산 냉동의 2.3배인 한우 3등급을 2배로 0.4~0.3배를 낮춘다는 것이다.

이를 위한 여러 방안 가운데 현실적으로 가장 절실한 것은 사료비 부담을 최소화하는 일일 것이다. 유관기관 조사자료상 사료 평균가격은 2007년 kg당 335원에서 지난해 7월 458원으로 37%가 올랐고 11월에는 등폭이 57%로 높아졌다. 물론 국제곡물가격의 급등에 기인하고 있다. 배합사료 원료중 절대비중을 차지하고 있는 옥수수의 국제가격이 같은 기간 톤당 152달러에서 297달러로 95%까지 뛰었다가 8%가 떨어진 것으로 나타나 있다. 이 여파로 배합사료가격이 인상됨으로써 모든 축산농가가 곤혹을 치른 바 있다.

따라서 대안으로 떠오르고 있는 것이 조사료의 생산확대다. 이 대책에서도 현재 16만4000ha 수준인 조사료 재배면적을 2012년 37만ha로 늘리고 조사료 급여비율도 번식우는 50%에서 60%로, 비육우는 30%에서 40%로 각각 10%씩 확대한다는 방침이다.

이 대책과는 별개로 정부는 사료가격 안정을 위해 단기적으로 올해 특별사료구매자금으로 1조원을 추가지원하고 원료품목 무관세 적용대상을 3개에서 17개로 늘리는 한편 사료 부가세 영세율 적용기간을 2011년까지 연장조치하기도 했다. 장기적으로는 조사료 재배면적을 앞의 대책에서와 같이 대폭 확대하고 민간업체의 해외 사료자원 개발을 포함한 해외농업개발등을 추진한다. 또 조사료와 배합사료의 급여비율을 현재 4대 6에서 2012년까지 6대4로 반전시켜 비용을 절감토록 한다. 이와 관련, 지난해 414억원이던 조사료생산기반 확충사업예산을 819억원으로 배증하고 사료자원개발을 포함한 해외농업개발자금 융자재원도 240억원을 예산에 반영했다. 아울러 수입 조사료와 녹비작물의 국산화 기반구축에도 재정을 투입하여 대체작물로 청보리 등 국내채종을 추진한다.

한편 농촌진흥청도 이에 동참하고 있다. 축산농가의 사료비문제를 해결하기 위해 사료비절감 지역특성화사업을 벌이는 것이다. 이 사업은 지역여건에 맞는 주력품종을 중점 육성할 수 있도록 기술·예산·인력을 집중투입하고 지역의 농업인·소비자·학계·유관기관간의 협력체제를 강화하여 농가의 소득향상과 지역경제 활성화를 위해 One-stop 방식의 실용화 사업이다.

올해 그 대상기관으로 전라남도 영암군과 영광군 농업기술센터가 선정됐다. 따라서 이들 센터는 올해부터 2년간 이 사업을 수행하게 된다. 영암군은 국내산 신품종 사료작물 재배로 단위면적당 생산성을 최대화하여 현재 ha당 22톤인 생산량을 30톤으로 높이고 현재 698ha인 재배면적도 올해 1480ha, 내년 2,000ha로 늘림으로써 한우산업 경쟁력을 제고한다는 계획이다. 영광군 또한 친환경 고품질 청보리·라이그라스 등의 재배로 사료비를 획기적으로 줄여나갈 방침이다.

농진청은 이 사업을 통해 영암군은 연간 87억원, 영광군은 45억원의 배합사료비를 절감할 것으로 기대하고 있으며 국산대체에 따른 외화절감에도 크게 기여할 것으로 풀이하고 있다. 농진청은 앞으로 매년 새로운 시·군을 선정하여 이 사업을 확대할 것이라고 한다.

보다 많은 지역이 이 사업을 통해 사료비 부담으로 고통받는 축산농가가 대폭 줄어들었으면 하는 생각이다.

농축유통신문 2009년 2월 2일 월요일

밭작물 브랜드 성공을 기대한다

논두렁 밭두렁

시시각각

김용욱 회장

기업이나 상표, 서비스를 대표하는 이름, 브랜드(brand, 상표). 사람들이 이 브랜드를 소비하게 되면서 기업들은 브랜드 개발에 끊임없이 심혈을 기울인다. 성공한 브랜드가 곧 성공한 기업으로 통하고 또 그렇게 연결되기 때문일 것이다. 그래서 네이미스트(namist)라는 직업도 생겨났다. 브랜드가 갖는 중요성이 커지면서 상표를 전문적으로 만들고 관리하기 위해 등장한 직종이다. 이 네이미스트들은 기억하기 쉽고 부르기 편리할 뿐 아니라 제품과도 잘 연결되는 그런 이름을 만들기 위해 아이디어를 짜는데 밤낮이 없다고 한다. 1~2분의 짧은 광고 중에 제품을 소비자에게 알리는게 카피라이터(광고문안가)라면 이들은 한 단어에 모든 것을 담지 않으면 안되는 까닭인 것이다.

이렇게 잘 개발된 브랜드라 하더라도 소비자에게 깊이 각인되지 않으면 무용지물일 수밖에 없다. 따라서 막대한 자금을 들여 TV, 라디오, 신문 등 미디어를 통해 광고를 지속적으로 하고 각종 이벤트를 통해 소비자에게 익숙해질 수 있는 작업을 진행하는 것이다. 특히 우리나라도 치루어봐서 아는 사실이지만 월드컵과 같은 세계적 빅이벤트에는 굴지의 기업 대두분이 공식후원을 하기 위해 피나는 경쟁을 한다. 월드컵 개최 기간동안에는 전세계인의 눈을 여기에 모을 수 있고 기업의 브랜드를 세계 구석구석에 알릴 수 있는 절호의 기회이기 때문이다.

브랜드가 소비자에게 각인만 되면 상품의 대명사가 된다. 노인층은 기억할 것이다. 일본산 조미료 '아지노모도', 지금은 조미료라 통하지만 한때는 미원이라는 이름으로 통용되기도 했다. 드링크제 보급 초기에는 박카스라 일컬어 진 적도 있다. 이렇게 되기까지는 제품의 질과 서비스가 기본이 돼야 하며 소비자 신뢰를 바탕으로 한 오랜동안의 전통이 있어야 한다.

이런 전통을 창출할지도 모를 밭작물 브랜드 경영체가 정부의 우산아래서 키워진다. 농림수산식품부가 올해 처음으로 밭작물브랜드육성지원사업을 시행키로 하고 6개 브랜드경영체를 선정해 지원에 나선 것이다. 이는 밭작물주산지를 중심으로 비용절감, 고품질화시설과 브랜드 육성을 위한 자금을 지원함으로써 생산?유통혁신을 통해 경쟁력을 높이기 위한 것이다. 또 일정수준의 자급률을 유지하여 국산 농산물을 이용한 식품산업 육성과 시장개방확대등 유통환경변화에 적극 대응하기 위해 이 사업을 벌이는 것이다.

이 사업은 올해부터 오는 2017년까지 국고 170억원, 지방비 160억원, 자부담 80억원등 모두 410억원의 사업비를 들여 40개소의 브랜드경영체를 육성한다. 올해는 국고 26억원, 지방비 24억원, 자부담 12억원등 62억원이 이번에 선정된 브랜드경영체에 지원된다. 브랜드육성 생산시설 기반조성에 개소당 10억원씩이 지원되고 조직결성, 교육, 컨설팅 관리지원에 모두 2500만원이 지원된다.

이번에 선정된 밭작물브랜드경영체는 전남해남화산농협(땅끝愛 고구마), 강원영월 승당가공영농조합법인(동강愛 옥수수), 충북괴산 군자농협(대학찰옥수수), 전북익산 날씬이고구마유통사업단(날씬이고구마), 전남나주 공산농협(그리운 고향잡곡), 경북 예천농협(옹골진 잡곡) 등 6개다.

이들 브랜드가 성공모델로 우뚝 서기를 기대한다. 그러자면 무엇보다 상품이 브랜드 값을 제대로 해야 한다. 특히 농산물은 기계로 생산하는 공산품과 다른 특성을 지니고 있다. 소비자가 신뢰하고 그 브랜드를 언제나 선택할 수 있도록 충실도를 높이는 일이 무엇보다 중요하다는데 유의해야 할 것이다.

농축유통신문 2009년 2월 9일 월요일

영유아 양육비 고른 혜택을

논두렁 밭두렁

시시각각

김용욱 회장

농촌에서 어린아이 울음소리가 끊긴지 오래된 마을이 수두룩하다고 들었다. 그나마 요즘 이민자 가족 사이에서나 어린 아이들을 볼 수 있다고 한다. 젊은이들이 농촌에 남아 있지 않기 때문이다. 하긴 농촌문제만은 아니다. 우리나라 출산률이 OECD(경제협력개발기구) 회원국 가운데 꼴찌라는 것은 보도를 통해 알려져 있다. 아이를 낳아야 할 젊은 세대들의 가치관에서 저출산 이유를 찾을 수도 있고 사회적 변화에 기인하기도 한다.

일부 젊은이들은 자신의 삶만을 중시하는 경향이 없지 않다. 결혼 문제만 하더라도 남성들은 절대수가 결혼을 필수로 여기지만 상당수의 여성들은 '선택'으로 보고 있다는 조사보고가 있다. 미혼자의 경우 결혼할 생각이 없거나 일에 열중한다는 이유로 미혼을 선언한 여성비율이 꽤 높은 것으로 나타나고 있다. 또한 부부만의 생활로도 충분하다는 생각으로 출산을 고려하지 않는 수도 적지 않다는 분석이 있다.

특히 여성의 취업은 보편차원을 훨씬 넘고 있다. 예전에는 결혼과 더불어 직장을 그만두는 것이 당연시됐으나 지금은 아이를 낳고도 직장을 다닐 수 있게 되고 점차 고학력화하면서 취업률은 갈수록 높아지고 있는 추세다. 문제는 육아다. 핵가족화현상으로 아이를 돌봐줄 사람이 없기 때문이다. 자녀출산을 기피할 수 밖에 없는 이유다.

더 큰 문제는 양육비와 교육비 부담이다. 자녀양육비가 가구 소비지출액의 절반을 넘는 것으로 조사되고 있다. 양육비 가운데 3분의 1 이상이 교육비라고 한다. 실제 사교육이 일반화돼 있는 상황에서 엄청난 교육비에다 급등하는 주거비 등을 감안하면 웬만한 재산가가 아니고는 아이를 낳아서 행복하게 키우는 일이 겁날 수 밖에 없는 것이 현실이다. 출산장려금 지원이나 영·유아 보육비 지원만으로 출산율을 끌어올리는 데에는 한계가 있을 것이다. 그러나 국가미래를 고려하여 하는데까지 노력을 기울여야 하지 않을까.

농업인에도 영유아 양육비가 지원된다. 부담을 덜어주기 위해서다. 아울러 젊은층의 농촌거주를 유도하고 지역사회에 활력을 유지시키는데도 목적을 두고 있다. 올해는 국고보조와 지방비 각각 406억4800만원씩 모두 812억9600만원을 지원한다. 지원단가는 소액 인상됐으나 지원요건은 크게 강화됐다.

시설이용 영유아는 지원단가가가 0세 26만원에서 26만8000원, 4세까지는 11만7000원에서 12만원, 5~6세는 16만7000원에서 17만2000원으로 인상됐으며 시설미이용 영유아는 0세13만원에서 4000원, 4세까지 5만9000원에서 1000원, 5~6세 8만4000원에서 2000원이 각각 올랐다.

대신 영유아 양육비 지원대상 아동의 양육을 책임지고 있는 농가가 근로자인 경우 근로소득원천징수영수증 기준 총급여액이 3,500만원이상, 비근로자는 지역 건강보험료 산정점수 1,250점 이상이면 지원대상에서 제외토록 기준을 새로이 정했다. 또 시설이용 아동도 반드시 농촌에 주소를 두고 거주해야 한다. 양육비를 신청할 때 개인정보자료를 확인할 수 있어야 한다. 신청서의 이·통장 확인 말고도 신청인 농지소재지 인근 농업인 2명의 서명을 받아 제출해야 한다. 이밖에 두자녀이상 보육료(복지부)를 지원받는 경우는 올해부터 양육비를 지원받을 수 없다.

이같은 기준강화는 불법·편법등 부당지원과 2중지원을 사전에 예방함으로써 예산집행의 안전성을 제고하기 위한 것이다. 쌀직불금 부당수령사례에서 보여줬듯이 국민세금이 헛되어 새는 일이 추호도 재발돼서는 안된다. 그러나 제도에 미숙하여 억울하게 누락되고 혜택을 받지 못하는 사례가 있어서는 더욱 안될 일이다.

농축유통신문 2009년 2월 16일 월요일

'종자강국' 우리도 하면된다

논두렁 밭두렁

시시각각

김용욱 회장

세계 5대 종자강국으로의 도약. 17대 대통령 선거공약이기도 한 이 목표는 정부의 강력한 의지가 담긴 시책중의 하나다. 종자업무를 총괄하는 독립전담기구인 '종자공급소(국립종자원 전신)'가 발족한지 35년, 주요작물종자법과 종묘관리법을 통합하고 종자정책의 3대 기능인 신품종보호·품종성능관리·종자보증제도의 도입을 골자로 하는 종자산업법을 제정함으로써 종합적인 종자관리체계를 구축한지 12년에 이같이 종자강국을 꾀하고 있다.

우리나라 종자사업의 현대화가 추진된 것은 1970년대 초다. 국제협력에 의해서다. 1970년 식량농업기구(FAO)와 세계은행(IBRD)의 제의로 실시된 한국에서의 종자산업 타당성 조사에서부터 시작된다. 이후 IBRD의 한국종자사업평가보고서를 근간으로 IBRD·국제개발처(AID)등의 차관자금과 우리 정부투자로 종자사업을 벌이게 됐다. 이를 통해 벼·보리·밀·콩·감자 등 주요작물의 우량종자를 생산하여 종자갱신에 나섰던 것이다. 이것이 오늘의 종자갱신체계 확립의 뿌리가 된 셈이다.

그랬던 우리가 5대 종자강국을 넘본다. 이 목표달성방안의 일환으로 정부가 개인육종가의 신품종개발과 해외출원비를 적극 지원한다. 개인육종가에 대한 신품종육성 활성화지원을 통해 민간육종의 저변을 확대하고 종자산업의 발전을 유도키 위해서다. 또 우수품종 개발확대로 로얄티의 국외유출을 줄일 수 있고 수입대체 효과도 기대하게 된다.

따라서 국내 육종기반이 취약한 개인 육종가와 소규모 육종회사가 신품종을 개발하여 품종등록을 했거나 해외에 출원한 경우 이를 지원한다. 신품종개발비는 내국인으로서 개인 또는 상시근로자 20인이하의 법인체, 해외출원비는 역시 내국인으로서 개인 또는 상시근로자 200인 미만이거나 매출액 200억원이하의 중소기업에 지원된다. 지원자격은 신품종개발비의 경우 신품종으로 육성되어 국내에 품종보호 출원을 하고 최근 2년간 품종보호등록이 된 품종이며 해외출원비는 신품종으로 육성돼 2년간 해외에 품종보호 출원된 품종이다. 식물특허(무성번식 작물)까지 포함한다. 지원한도는 예산규모 2억 3000만원(46품종)인 신품종개발비는 예산범위내에서 품종당 500만원이다. 동일인에게 연간 최대 5품종까지 지원이 가능하다. 해외출원비는 예산 3000만원(6품종) 범위내서 500만원을 지원하며 동일인 연간 최대 지원가능품종은 3품종이다.

이들 사업비는 신청서 접수순에 따라 적격자에게 지원하며 올해 예산한도 부족으로 더 이상 지급을 하지 못하는 신청품목은 다음해에 신청을 받아 지급한다. 이 자금은 매월 25일까지 신청을 받아 다음달 초에 지급된다.

정부의 이같은 노력은 미래 국부(國富)를 확보하는데 밑거름이 될 것이다. 종자처럼 값진 자원이 없기 때문이다. 특히 21세기는 종자전쟁이 예고되고 있다. 종자전쟁이란 신품종의 종자개발과 공급을 둘러싸고 국가나 기업간에 경제적·정치적 대립이 격화되는 현상을 말한다. 국제식물신품종보호동맹(UPOV) 협약에 따라 신품종에 대한 지적재산권이 보호되면서 각 국가와 기업의 신품종 개발 열기는 초고조에 달해 있다고 해도 과언이 아니다. 미국이나 유럽 등 거대 종묘회사들은 막대한 자금을 투자하여 경쟁력있는 품종의 수집과 보존, 유전자 정보를 이용한 신품종개발능력을 고도화시키고 있는 실정이다. 이로 미루어 종자의 공급력을 확보한 국가나 기업이 장차 강력한 지배력을 갖게 될 것이라는데 의심의 여지가 없어 보인다.

무에서 유를 창조한 우리의 저력을 종자산업에서도 발휘하여 5대 강국이 아니라 정상의 고지를 목표로 매진토록 해야 할 일이다.

농축유통신문 2009년 2월 23일 월요일

녹비작물 재배용 농기계 개발을

논두렁 밭두렁

시시각각

김용욱 회장

인간은 욕구가운데 부(富)나 명예보다 건강한 삶에 더 큰 비중을 두고 있다. 건강을 잃을 경우 모든 것을 지킬 수 없기 때문이다. 건강하게 살기 위해서는 여러 방법이 있겠지만 무엇보다 먹거리가 안전해야 한다. 국민소득수준이 향상되고 먹고 살만큼 되면서 우리도 식품의 안전성에 대한 관심이 크게 높아졌다. 이같은 의식은 지난해 한미쇠고기협상 타결로 빚어진 광우병과 관련한 대대적인 촛불시위에서도 잘 드러나 있다.

이같은 욕구충족을 위해 정부는 유기 농업을 적극 권장하는 법적·제도적 장치를 마련했고 유기농산물이 상당량 생산되고 있다. 특히 농산물시장이 완전 개방된 이후 외국산 농산물보다는 국산 농산물을, 그 가운데서도 안전성이 높은 유기농산물을 선호하고 있다.

사실 우리는 20세기 중반까지만 해도 이같은 욕구는 꿈에도 내비치지 못했던 일이다. 식량부족으로 모두가 배고픔에 시달리던 시기였기 때문이다. 그러나 비록 보릿고개를 겪지 않으면 안되는 참담한 시절이긴 했어도 그 때 생산된 농산물은 그 자체로 무공해 농산물이었다. 겨울철 농한기에 깊이갈이·객토는 물론 퇴비, 심지어 인분으로 토양비옥도를 높이고 잡초도 모두 손으로 뽑음으로써 완벽한 유기농업을 했던 것이다.

하지만 탈(脫) 보릿고개는 우리 모두의 숙원이었고 농업의 최대목표였다. 정부가 혼식·분식을 강력하게 권장했지만 그것만으로는 근본해결책이 되지 못함에 따라 식량증산에 매달리지 않으면 안됐던 것이다. 따라서 농산물의 생장을 촉진하고 병충해방제를 위해 화학비료와 농약이 필수 영농자재로 자리잡게 되었고 결국 화학비료는 남용수준에 이르렀다. 그결과 토양은 산성화되고 하천과 강, 바다가 오염되면서 생태계가 파괴되는 등 갖가지 부작용이 유발됐다. 이런 환경에서 생산된 농산물로 인해 우리의 건강이 위협받는다면 이를 우려하지 않을 수 없는 노릇이다.

때문에 지력증진이 최대과제로 부각되면서 정부가 녹비작물 재배사업을 벌이는 동시 녹비작물 종자의 국내생산을 추진한다. 대표적 녹비작물인 호밀·자운영·헤어리베치 등의 종자는 국내 생산기반 취약으로 전량을 수입에 의존하고 있는 실정이다. 종자 수입액이 지난해 1,300만 달러에서 올해는 2,300만달러에 달할 것으로 예측하고 있다. 따라서 앞으로 호밀은 국내생산이 가능한 녹비용보리로 대체하고 헤어리베치와 자운영은 국내에서 생산되는 헤어리베치로 전환하여 오는 2015년까지 완전 자급하겠다는 것이다. 녹비용 보리는 내년부터 수입 호밀을 대체하기 시작해 2011년 완전대체하고 헤어리베치는 2011년까지 시범생산·원종증식을 거쳐 2012년부터 본격적으로 공급할 방침이다. 이렇게 되면 2013년에는 약 4,000만달러의 외화를 절감할 수 있어 농가소득 증대에도 기여할 것으로 여겨진다.

정부가 녹비작물종자 국산화를 꾀하게 된 것은 국제곡물가격, 유가·환율등의 변동으로 녹비작물종자 도입가격의 불안정이 심화됨으로써 안정적인 종자 공급체계 확립이 필요하다는 인식에 따른 것이다. 또 유휴농지에 녹비작물 재배를 통해 지력증진은 물론 친환경 농업기반을 유지·보전하기 위한 것이다.

녹비작물 재배면적은 2003년 7만5500ha에서 지난해 12만ha로 늘어났으며 아울러 사업비도 50억 1,100만원에서 157억2000만원으로 대폭 증액됐다. 2013년에는 447억5000만원의 사업비를 들여 재배면적을 25만ha로 확대하게 된다.

남은 문제는 농업인들의 적극적인 동참이다. 다만 농촌노동력의 고령화추세는 반드시 고려돼야 한다. 파종에서 수확까지 부녀자나 고령자가 손쉽고 편리하게 사용할 수 있는 농기계개발도 병행돼야 할 것이다.

농축유통신문 2009년 3월 2일 월요일

농작물재해보험가입 늦출때 아니다

논두렁 밭두렁

시시각각

김 용 욱 회장

얼마전 우리나라 최초의 보험증서가 매스컴을 탄 바 있다. 재미있는 것은 보험대상이 사람이 아니라 소라는 사실이다. 발행일자가 건양2년6월이다. 그러니까 1897년에 발행된 것이다. 이 국내 최초의 보험인 소보험제도를 도입한 곳은 '대조선보험회사'로 알려지고 있다. 이 보험증권에는 소의 털 색깔과 뿔 여부가 표시돼 있으며 소의 크기에 따라 큰소 100냥, 중간소 70냥, 작은 소 40냥등의 보험금이 책정돼 있다. 보험료는 일괄적으로 한 마리에 엽전 한냥이다. 다시말해 소가 크든 작든 한 마리에 한냥의 보험료를 내고 이 소가 죽을 경우 크기에 따라 정해진 보험금을 수령하도록 돼 있는 것이다.

그러나 안타깝게도 이 소보험제도는 시행 100여일에 불과한 단명으로 빛을 잃고 말았다. 이 제도를 도입한 이완용의 형이자 당시 농상공대신인 이윤용이 이 보험에 가입하지 않은 소는 아예 시장에서 매매할 수 없도록 제도화하여 강제함으로써 생산자로부터 원성을 사게 됐고 결국 이를 극복하지 못해 폐지됐던 것이다.

당시에 소가 얼마나 사육됐는지는 모르지만 소를 보험대상으로 한 자체는 파격적이라 하지 않을 수 없다. 물론 그 때의 소라면 농가입장에서 자산가치가 매우 컸을 것으로 짐작은 된다. 농삿일이 인력이나 축력에 전적으로 의존했고 우마차 등 수송수단으로 소를 이용함으로써 수요는 있으나 공급이 뒷받침되지 않아 희소가치 또한 만만치 않았을 것이다.

비록 이 소보험제도가 생명력을 유지하지 못하고 곧바로 자취를 감추긴 했으나 목적은 요즘 대중·보편화 되고 있는 손해보험이나 생명보험 등과 다를 바 없다. 예기치 못한 불행한 사태에 대비하는 것이기 때문이다.

농작물도 마찬가지다. 농작물은 특히 자연재해에 극히 취약하다. 태풍이나 홍수·가뭄은 물론 우박과 냉해, 이상고온 또는 이상저온에도 견딜 수 가 없다. 인재라면 몰라도 이러한 천재는 극히 일부 줄일수는 있되 불가항력이다.

그래서 도입된 것이 농작물재해보험이다. 지난 2001년 도입된 이 보험은 지금까지 4만2000여 농가에 2,311억원의 보험금을 지급하여 자연재해로 고통받은 농가의 경영안정에 도움을 주고 있다. 농작물재해 보험은 현재 사과·배·복숭아·포도·단감·감귤·떫은 감등 7개품목을 대상으로 하고 있다. 올해는 보다 많은 농업인들에게 보험혜택을 주기 위해 벼·고구마·옥수수·마늘·매실 등 5개 품목을 신규보험에 추가했다. 따라서 시범사업품목은 밤·참다래·감자·콩·양파·고추·수박등 13개 품목으로 늘어나게 됐으며 이들 품목의 시범사업이 모두 끝나게 되면 본사업 품목이 20개로 확대된다.

올해는 특히 7개품목에 대한 농작물재해보험 요율을 크게 낮춰 가입농가의 부담을 덜어주기로 했다. 평균 보험요율을 전년 6.14% 대비 14% 인하된 5.31%로 조정한 것이다. 또 지자체의 보험료 보조금액도 지난해보다 36%가 늘어난 160억원 규모로 대폭 확대했다. 이같은 조건에 준해 지난 23일부터 오는 3월31일까지 농작물재해보험을 전국 일선의 지역·품목별 농협창구를 통해 판매한다.

날이 갈수록 자연재해는 늘고 있다. 당장 직면하고 있는 가뭄이 장기화할 것이라는 예보도 나와있다. 자연재해의 다발은 우리나라뿐 아니라 세계적 추세다. 불의의 재해를 언제 당할지 아무도 예측할 수 없다. 아무런 대비없이 당한 뒤에 땅을 치고 후회해도 잃어버린 것은 제자리로 돌아오지 않는다.

이 보험은 특히 보험료의 50%를 정부가 국고에서 지원하는 만큼 적은 부담으로 큰 손실에 대비할 수 있다. 보험가입을 서두를 때다.

농축유통신문 2009년 3월 9일 월요일

사회복무제도 청원서명 적극 참여를

논두렁 밭두렁
시시각각

김용욱 회장

지난달말 한국농업대학 2009학년도 입학식이 있었다. 모두 7개학과에 300명이 새내기 대학생이 된 것이다. 이날 입학식에서는 촛불결의식도 가졌다. 우리나라 농업을 선도해 나갈 전문농업경영인으로서의 결의를 다졌던 것이다.

한국농업대학은 우리나라 농업·농촌을 선도할 유능한 정예 후계농업인을 양성하기 위해 국가가 지난 1997년 설립한 3년제 특수목적 대학이다. 따라서 학생들에게는 기숙사비는 물론 입학금과 수업료·교재비·실험실습비 등 교육에 필요한 일체의 비용을 국비로 지원한다. 한농대는 특히 재학생 전원에게 단기 해외연수 기회를 주고 우수학생에 대해서는 미국등 해외선진농장에서 1년간 장기연수의 특전이 주어진다. 뿐만아니라 졸업후에는 영농정착자금등 여러 형태의 특혜도 부여하고 있다.

한농대의 교육목표는 투철한 직업의식을 갖춘 전문 농업경영인 육성, 현장중심의 지식·기술·경영능력과 국제적 안목 배양, 농업·농촌발전을 선도할 미래의 지도자 양성이다. 따라서 실기·실습 위주의 교육과정을 운영함으로써 졸업후 곧바로 영농에 종사할 수 있는 농업 CEO를 배출하고 있다. 이같은 교육효과가 졸업생의 94%수준이 전국의 농촌 현장에서 연평균 7,000만원이상의 소득을 올리는 것으로 나타나 있다.

2009학년도 입학생 역시 3년간의 대학생활을 마치고 전문학사 학위를 취득하게 되면 선배들처럼 각자 전국의 정착지로 돌아가 후계 농업인이자 CEO로서 우리 농업을 선도해 나갈 것이다. 다만 지울 수 없는 걱정거리가 하나 있다. 후계농업경영인의 사회복무제도 편입의 관철문제다. 이 문제가 해결되지 않을 경우 학생들의 입학날 촛불 결의가 퇴색되고 국비로 양성한 고급농업인력을 잃지 않을까 우려하지 않을 수 없기 때문이다.

병무청은 현행 산업기능요원 제도를 오는 2012년 폐지하고 사회복무제도로 전환할 방침이다. 후계농업경영인과 농업기계운전요원·수리요원은 1994년부터 산업기능요원으로 편입되어 현역 복무를 대체해 왔다. 이에따라 2007년말까지 후계농 1만여명, 농업기계 종사자 1500여명 등 모두 1만1,700여명의 농업부문 인력이 산업기능요원으로 복무했다. 최근 2년동안에는 매년 배정되는 200여명 가운데 한국농업대학 졸업생이 60~80%를 신청하여 대부분 산업기능요원으로 선정됐다. 2007년까지 1,840명의 졸업생 가운데 28%인 524명이 편입됐던 것이다.

이 제도가 2011년까지만 운영되고 폐지되면서 후계 농업경영인이 새로이 도입되는 사회복무제도 편입대상에서 제외되고 있다. 여간 심각한 문제가 아니다. 모두가 아는 바와 같이 농촌인력의 고령화는 날이 갈수록 심화되고 있다. 현재 농촌인력의 42%가 60세이상이고 32%가 65세이상이다. 젊은 피의 수혈이 있지 않고서는 생명산업인 농업을 지켜내기는 커녕 먹거리의 안정적인 생산·공급을 기대할 수 없게 된다.

국민식량의 안정적 공급은 국방이상의 중요성을 지니고 있다. 그런데 의료·연구·예체능은 사회복무제도에 편입하고 후계 농업경영인은 뺀다? 어불성설이다. 이거야말로 개념이 없는 행위라 하지 않을 수 없다. 절대 방관할 일이 아니다.

물론 한국농업대학은 가칭 '공익영농종사 요원에 관한 법률'을 제정하여 대응키로 하고 있다. 그러나 대체복무제의 축소·폐지라는 병무청의 기본입장 때문에 한농대의 노력만으로는 힘을 잃을 수 도 있다. 따라서 농업인 단체는 물론 우리 모두가 여기에 힘을 실어 줘야 한다. 한국농업대학 홈페이지에 들어가면 '후계농업경영인 사회복무제도 편입 청원서명'을 받고 있다. 여기에 적극 참여하여 농업인의 뜻이 반드시 관철될 수 있도록 해야 할 것이다.

농축유통신문 2009년 3월 16일 월요일

'쌀파라치' 선의의 피해 없어야

논두렁 밭두렁

시시각각

김용욱 회장

파파라치. 연예인을 비롯한 유명한 사람들의 뒤를 몰래 쫓아다니며 공개를 꺼리는 장면의 사진을 찍는 사진사들을 일컫는 말이다. 국립국어원이 정한 우리말은 '몰래제보꾼'으로 순화되어 있다. 다른 사람이 불법을 저지른 것을 제보하여 보상금을 타내는 사람으로 풀이된다.

한때 교통사고를 최소화하기 위해 사고다발지역이나 교통위반이 잦은 지역에서의 위반사례를 사진으로 찍어 제보하고 포상금을 받던 카파라치가 성행한 바 있다. 카파라치는 사라졌지만 쓰레기 투기를 쫓는 쓰파라치, 담배꽁초를 길거리 아무데나 버리는 행위를 고발하는 꽁파라치 등 신조어가 속속 생겨나고 있다. 또 최근에는 농수산물의 원산지를 속이는 사례를 제보하는 전문꾼도 있지만 무슨 파라치라고 하는지는 알 수 없다. 이같이 불법사례를 고발하여 포상을 받는 대상이 늘어남에 따라 파파라치를 양성하는 학원까지 등장하고 있다. 포상금으로 적잖은 돈은 만지게 됨으로써 비싼 학원비를 받고 장비를 고가에 떠넘기는 악덕상혼까지 활개를 치고 있다는 것이다.

그런데 이제는 그 말많던 쌀소득보전직불금과 관련한 '쌀파라치'가 공식적으로 등장한다. 쌀직불금의 부정수령을 차단하기위해서다. 신고대상은 논농업에 종사하지 않으면서 쌀직불금을 수령한 자다. 논농업에 종사하지 않는 사실을 입증하여 서면으로 신고하면 사실이 확인된 경우 건당 10만원, 연간 100원내에서 신고포상금을 준다.

이는 '쌀소득등의 보전에 관한 법률' 개정에 맞춰 개정과 부처협의를 준비하고 있는 시행령과 시행규칙등 하위법령에 명문화된다. 이 하위법령의 개정 초점은 심사단계서부터 실경작 확인시스템의 강화와 직불금 부당수령 방지를 위한 제도적 장치 마련이다.

따라서 농촌이외지역에 주소를 둔 자는 농업을 주업으로 하는 자의 요건을 3가지로 마련하고 그 중 하나에 해당하면 주농업으로 인정하여 지급대상자가 되도록 했다. 첫째 1만㎡(법인 5만㎡)이상의 농지를 경작하거나 둘째 연간 농산물 판매금액이 900만원(법인 4,500만원)이상이거나 셋째 농지소재지에 2년이상 주소지나 주된 사무소를 두고 2년이상 논농업에 종사하는 농업인이면 직불금 수령 대상자가 되는 것이다. 다만 쌀직불금 신청자의 농업의 소득이 3,700만원(신청 전년도 기준)이면 지급대상에서 제외된다.

특히 자산과 소득이 많은 기업농에 직불금이 편중된다는 여론에 따라 지급상한면적을 농업인은 30ha, 영농조합법인과 농업회사법인은 50ha로 제한한다. 상한을 초과하는 면적에 대해서는 지급대상에서 제외하는 것이다. 한편 2005년 1월1일부터 2008년 12월 31일까지의 기간중 직불금을 수령하지 못한 경우라도 후계농·전업농·귀농, 직불금 지급대상요건을 갖춘 자의 사망등으로 인한 승계농 등도 앞에서의 요건이 충족되면 지급받을 수 있다.

정부의 이같은 강력한 제도개선은 지난해 10월 본란을 통한 '더이상 농업인 울리지 마라'는 제하의 글에서 지적한 바와 같이 부적격자들이 무더기로 쌀소득보전 직불금을 부당한 방법으로 수령해 감으로써 이를 근원적으로 차단하기 위해서다. 지난해 밝혀진 바로는 99만8,000명의 직불금 수령자 가운데 28만명의 수령자가 비경작자로 추정됐고 이 가운데 17만명은 공무원·회사원·전문직 등 직업을 가진 사람이고 나머지 11만명 역시 실경작자가 아닌 것으로 추정됐다. 이에 따라 옥석을 가리기 위해 국회에 조사특별위원회를 설치하기까지 했으나 그저 시작만 장대했을 뿐이다.

이번 관련법 개정을 계기로 쌀시장개방에 따른 농업인의 피해최소화라는 기본취지를 살려내되 쌀파라치를 통한 선의의 피해자가 발생하지 않도록 관리를 철저히 해야 할 것이다.

농축유통신문 2009년 3월 23일 월요일

녹색기술 현장지원단 전용차량 확대를

논두렁 밭두렁

시시각각

김 용 욱 회장

'당신이 부르면 언제든지 달려 갈거야', 이건 유행가 노랫말이 아니다. 농촌진흥청 '녹색기술 현장지원단'을 농업인이 부르기만 하면 전국 어디든지 때를 가리지 않고 즉각 출동한다는 얘기다.

농진청은 최근 충남부여에서 '녹색기술 현장지원단' 발대식을 갖고 곧바로 가동에 들어갔다. 국내 최고의 농업기술전문가들로 구성된 이 지원단은 농업현장에서 작물의 병해충과 토양, 생리장해 등을 직접 진단하고 바로 처방을 해주게 된다. 이 지원단 출범은 농업기술 개발·보급사업도 현장중심으로 하겠다는 강한 의지의 표현이라 해야 할 것이다.

산도측정기·토양염도 측정기·당도계·현미경등 분석장비를 갖춘 전용차량 2대를 이미 확보한 지원단은 발대 첫날 최근 탄저병으로 큰 어려움을 겪고 있는 부여지역의 딸기 재배단지를 방문하여 현장 컨설팅을 진행했다. 이날 컨설팅에서는 병, 전문가뿐 아니라 토양·바이러스·천적분야의 최고 전문가들이 농가가 안고 있는 문제점을 진단하고 구체적인 대응방안까지 제시했다. 녹색기술 현장지원단은 이 서비스를 받고자 하는 지역을 찾아 이같은 컨설팅을 지속적으로 함으로써 해결사역을 자임하겠다는 것이다.

낙후되고 취약했던 우리 농업이 오늘날 선진국 못지 않은 기술수준을 갖게 된 것은 오로지 연구·지도직 공무원들의 피나는 노력덕분이다. 특히 지도직 공무원들은 열악한 환경하에서도 스스로를 돌보지 않고 밤낮없이 논두렁 밭두렁을 헤메며 농업기술 선진화에 몸바쳐 왔다. 따라서 녹색혁명이라는 세계 유례가 없는 위업을 달성하여 국민식량의 안정적 공급을 통해 굶주림에서 해방을 시켰고 과학영농을 유도하여 농업생산성을 극대화함으로써 농가소득향상은 물론 농업발전에 절대적 기여를 하게 됐다.

이렇게 성장한 우리 농업이 주변환경의 급격한 변화로 보다 높은 수준의 농업기술을 강요받고 있다. 첫째는 자유무역협정(FTA)의 확대체결로 농산물시장이 완전개방됨에 따라 경쟁력 제고가 어느때보다 시급해 졌다. 다음은 소비자의 기호도 변화다. 핵가족화와 여성의 사회진출 확대 등으로 식생활 패턴이 급진적으로 바뀐데 이어 건강에 대한 관심증대를 반영한 고품질 안전농산물 선호로 소비자중심의 농산물생산이 뒷받침되지 않으면 안되는 환경에 처하게 된 것이다.

따라서 화학적으로 합성된 비료나 농약·성장조절제 등을 덜 쓰거나 안쓰는 친환경농업이 점차 확산되고 있다. 이 농법에 의해

생산되는 농산물은 생산과정에서 농약과 화학비료의 사용정도에 따라 유기농산물·무농약농산물·저농약농산물로 구분되어 품질인증을 해주고 있다. 친환경농업에는 그 종류가 헤아릴 수 없을 만큼 많다. 토종농법·청정농법·그린음악농법·육각수농법·산화전해수 농법·거미농법·전해이온수농법·키토산농법·참게농법 등이 그 예다.

어떤 농법이 됐든 무엇보다 중요한 것은 토양의 건강상태다. 아무리 농업기술이 고도화돼도 토양이 작물생장환경의 최적화를 실현하지 못하면 고품질 농산물 생산은 꿈일 뿐이다. 때문에 농진청은 전국의 토양조사를 통해 데이터베이스화하여 누구나 열람함으로써 농업경영에 참고토록 하고 있다. 우리나라가 체계적인 토양조사를 한 것은 60년대 중후반이다. 그것도 UN특별기금에 의해서다. 토양조사의 중요성을 인식시키는 대목이다.

이런 점에서 이번에 발대한 녹색기술현장지원단의 활약이 크게 기대된다. 따라서 반짝 활동으로 끝나서는 안되는 것이다. 전시효과를 목적으로 할거면 당장 접어야 할 것이고 그렇지 않다면 전용차량을 대폭 확대하여 현장접근성을 더욱 높여 그야말로 부르면 즉각 달려갈 수 있어야 하고 지속돼야 할 것이다.

농축유통신문 2009년 4월 6일 월요일

양잠산업 되살리자!

논두렁 밭두렁

시시각각

김용욱 회장

수천년전부터 시작하여 삼한과 고려시대에 이르기까지 역대 임금이 장려하여 발전시켰고 조선시대에는 더욱 왕성했던 누에치기가 산업사회화과정까지 이어졌으나 시들해졌다. 60~70년대 양잠산업은 번창하여 견사와 생사가 수출효자상품으로 큰 몫을 하는데 크게 기여했다. 그러나 일본의 생사수입 규제와 중국의 덤핑으로 생사수출이 막히면서 양잠이 위축되기 시작했다. 그나마 국내 누에사육이 명맥을 유지하고 있는 것은 기능성 양잠산물 개발이 이어지고 있는데 따른 것이다.

과거 잠사업은 한국과 일본·중국등 3국이 주도했으나 지금은 중국이 전세계 생사 생산량의 75%이상을 생산하여 독점 공급하고 있는 실정이다. 지난 2004년 견사 생산량은 87만6000톤인데 이 가운데 중국이 67만7000톤으로 전체의 77.3% 차지했다. 생사역시 전체생산량 146만2000표중 중국이 110만표로 75.2%를 점했다. 표는 생사 60kg이다. 이밖에 인도가 뒤를 잇고 베트남·우즈베키스탄·태국 등이 일부를 생산하고 있다. 따라서 중국은 과거 누에고치 생산과 수출중심에서 고부가가치의 생사·견직물공급에 이르기까지 독점적 체제구축에 열을 올리고 있다. 양잠주산단지인 소주·항주를 중심으로 견직물가공과 패션의류 등 고부가가치 제품생산으로 전환하는 추세가 그 예다.

3대 축의 하나였던 일본의 경우는 정부차원에서 전통산업으로서의 잠사업을 보호 유지시키고 있다. 정부가 양잠농가에 누에고치가격의 70% 이상을 보상해 주고 있는 것이다. 이에따라 지난 2005년에는 1,600여 양잠농가가 600톤의 누에고치를 생산한 것으로 나타나 있다.

우리나라는 2007년기준 누에사육농가는 2,039호, 뽕밭면적은 1,039ha로 전년대비 농가는 1.6% 감소한 반면 뽕밭면적은 3.4% 증가했다. 누에사육량도 2만4000여 상자로 전년보다 6%가 늘어났다. 지난 1976년 잠업농가 48만8000호, 뽕밭면적 8만2,900ha, 누에사육량 129만6000상자였던 점을 고려하면 누에사육기반이 사실상 소멸됐다고 해도 과언이 아니다. 최근 미미하게나마 면적이 증가한 것은 잠업농가의 규모화와 과원 폐원농가의 기능성 뽕밭조성이 일부 늘어난데 기인하는 것으로 풀이되고 있다.

2007년 양잠산물 생산량은 223톤으로 전년대비 31.5%가 증가했다. 이 중 건조누에가 182.5톤으로 35.8%, 동충하초가 23.8톤으로 26%, 누에고치가 14.4톤으로 9.9%가 각각 늘어났다. 금액으로는 전체 131억원으로 전년 100억원 대비 32%가 증가했다. 이 총생산액 가운데 건조누에와 동충하초 등 기능성 양잠산물이 96%를 점하고 있다. 기능성 양잠산물이 국내 양잠산업 명맥유지를 지탱하고 있는 것이다.

우리나라에서 기능성 양잠산물이 생산된 것은 1995년이다. 혈당강하 효과가 있는 누에분말이 생산되면서부터다. 이후 매년 새로운 기능성 제품이 줄이어 개발됐다. 동충하초·뽕잎차·누에그라·실크비누·실크화장품·실크염모제·오디와인과 즙·잼, 실크치약·골드실크 등이 그것이며 2007년 학습·기억력 개선효과가 있다는 BF-7도 그 하나다.

이 모두가 농촌진흥청이 개발한 것이다. 따라서 국내 71건, 국제 15건의 기능성 양잠특허기술을 보유하고 다. 이로 인해 10a당 300만~500만원에 연매출 1억원이상인 농가가 25호에 이르는 것으로 알려져 있다.

농진청은 여기에 그치지 않고 양잠기술을 향후 건강기능식품으로 확대하고 고부가가치의 식·의약품 산업을 위한 기틀을 마련하는 한편 바이오 소재를 활용한 녹색기술 창출을 모색하겠다고 한다. 시장개방확대로 고통을 겪고 있는 농가들의 양잠에 적극 참여하여 과거 양잠전성기의 소득원으로 다시 활용되기를 기대한다.

농축유통신문 2009년 4월 13일 월요일

'한식 세계화' 반드시 성공을

논두렁 밭두렁

시시각각

김 용 욱 회장

중국여행을 하다보면 음식점 벽에 붙은 탈랜트 이영애사진을 어렵잖게 볼 수 있다. 국내에서 인기리에 방영됐던, 궁중음식을 소재로 한 대장금이 한류열풍을 몰고 오면서 주연을 맡았던 그녀의 인기가 치솟아 광고모델로서 입지를 굳혔기 때문이다. 한류 주역은 드라마나 배우뿐이 아니다. 드라마 대장금은 중국인들에게 우리 음식문화의 우수성을 각인시켰고 한식에 대한 선호도를 증진시키면서 크게는 국가브랜드의 위상을 한껏 높이는데 부족함이 없다해야 할 것이다.

또 최근에는 국내에서 식객이라는 드라마를 통해 다양한 전통 한식이 소개되면서 시청자들의 시선을 사로잡은 바 있다. 특히 여기에서는 일본요리전문가의 자국음식 세계화와 관련된 스토리도 가미됐던 것으로 기억된다. 가까이는 요즘들어 일본에서 한국의 막걸리 소비가 크게 늘고 있고 심지어 매니아까지 생겨날 정도라고 한다.

정부가 한식 세계화를 추진한다고 해서 생각난 것들이다. 정부는 엊그제 한식 세계화 추진전략을 내놨다. 오는 2017년까지 한식의 세계 5대 음식화를 실현하겠다는 것이다. 이를 위해 세계화 인프라를 구축하고 한식 R&D를 확대 하는 동시 전문인력 양성, 기업지원과 투자활성화, 우리 식문화 홍보등에 힘을 쏟을 방침이다.

기본전략은 '연개소문'이다. 즉 연(連), 농어업과 문화예술·과학·문학이 이어져 다른 나라 음식과 문화와도 연계하고 개(開), 열린 마음으로 세계인과 우리의 음식과 문화를 나누는 자세로 추진하는 것이다. 다음 소(小), 작지만 강한 파급력으로 거대한 농수산 수출시장을 확보하고 문(紋), 창의와 상상력을 바탕으로 한식의 새로운 문화를 창조한다는 것이다.

따라서 단계적으로 한식을 명품화하여 고급한정식으로 확산하는 한편 대중식당은 단품메뉴 중심으로 프랜차이즈화를 유도하고 고급한정식은 현지화된 한식코스 개발과 한상문화를 고급화하여 확산시키는 등 차별화를 하게 된다. 또 지역별 경쟁력 있는 한식메뉴 발굴·확산과 매운맛·짠맛 등을 등급화하여 다양한 수요층을 공략하는 동시 엔터테인먼트 전략으로 음식에 예술·재미를 융합하고 한식당을 하나의 한국문화원으로 발전시킨다.

이를 통해 2007년 기준 1만개인 해외 한식당수를 2017년까지 4만개로 확대하고 지난해 44억달러이던 농수산식품 수출을 2012년까지 100억달러로 늘리는 한편 2017년까지 세계일류 한식당 100개소를 조성하겠다는 것이다.

정부가 한식 세계화를 추진하는 것은 식품산업이 미래 신성장동력일뿐 아니라 한식이 세계 식품소비 트랜드와 부합하여 세계인의 음식으로 인정받을 가능성과 잠재력이 크고 지금이 한식 세계화 최적의 시기로 본데 따른 것이다. 다시 말하면 세계 식품시장규모가 4조4000억 달러에 이르러 자동차의 2.5배, IT서비스의 5.6배에 달할 만큼 크고 문화·의학·유통산업으로 파급잠재력이 높기 때문이다. 특히 한식은 식재료와 조리법등이 자연친화적으로 세계인의 웰빙욕구 충족에 부합하고 소비트랜드인 건강·웰빙지향·편의화·감동소비 추세에 부응할 수 있다는 점이 동인이 되고 있다. 아울러 서울기점 반경 2000km 이내에 거대한 식품시장이 존재하는 것도 추진 배경이 된다.

그러나 문제가 없는 것은 아니다. 해외 한식당 대부분이 교민·관광객을 대상으로 한 영세업체들이다. 평균 투자규모가 2만달러 미만이라는 것이 전문기관의 분석이다. 게다가 주제가 없는 한상차림, 과다한 반찬수, 비위생적인 공동식기이용 등으로 외국인들이 부정적으로 인식하는 시각이 없지 않다. 이 밖에도 한식 세계화에 걸림돌이 많다. 조속히 개선하지 않으면 안될 과제인 것이다.

그러나 한식 세계화는 범정부차원에서 추진되는만큼 기대를 걸지 않을 수 없다. 반드시 성공하여 국가브랜드가치를 높이고 농수산식품수출을 확대하여 농어가 소득증대에 기여하길 바란다.

농축유통신문 2009년 4월 20일 월요일

자연재해 대비, 보험밖에 없다

논두렁 밭두렁

시시각각

김용욱 회장

옛날 사람들은 육십갑자에 의해 농사의 풍·흉을 점쳤던 모양이다. 해동농서(海東農書)에 기술된 '작황예측하기'를 보면 항상 입춘일이 갑(甲)일이나 을(乙)이면 풍년이 든다고 했다. 병(丙)일이나 정(丁)일일 때는 크게 가물고 무(戊)일과 사(巳)일이면 밭이 손상된다고 했다. 경(庚)일이나 신(辛)일이면 사람이 안정되지 못하며 임(壬)일, 계(癸)일은 물이 넘친다는 것이다. 그 외에도 그때그때 기상상황에 따라서도 다양한 예측법이 동원되고 있다. 정확도가 어느 정도였던지는 알아낼 방법이 없다. 그러나 오랫동안의 통계를 근거로 이같은 예측모델을 제시했을 것임이 분명하다.

궁금한 것은 이러한 예측에 어떻게 대응했을까 하는 것이다. 물론 풍년은 논할 필요가 없다. 문제는 가뭄이나 홍수등 자연재해가 예측됐을 때다. 이의 피해최소화를 위해 어떤 대비책을 강구했느냐 하는 것이다. 순전히 인력과 축력에 의해 물길을 트고 둑을 쌓는 정도가 되지 않았을까 싶다. 농사환경이 극도로 열악했던 그 시대나 수리안전답에 첨단농업기계로 영농을 하는 현대농업에서나 자연재해엔 사실상 불가항력인건 같다. 다만 피해를 줄이는 정도의 차이만 있을 뿐이다. 오히려 최근 세계 곳곳에서 빈발하고 있는 대형재해처럼 우리도 여기에서 자유롭지 못하기 때문에 피해규모가 더 커질 수도 있다.

그래서 도입된 것이 농작물재해보험이다. 특히 정부는 이번에 벼 재해보험을 내놨다. 전국 주산지 20개 시·군이 대상지역이다. 앞으로 3년간 시범사업을 하고 이후 전면 실시된다. 지난 13일부터 5월말일까지 판매하되 이모작은 판매기간이 6월30일까지다.

이 벼 재해보험의 특징은 보상재해를 자연재해에만 국한하지 않고 있다는 점이다. 호우·태풍·우박·동상해·한해·냉해·조해(潮害)·설해 등 자연재해 말고도 흰잎마름병·줄무늬잎마름병·벼멸구로 인한 병충해는 물론 조수해, 즉 야생동물피해까지도 보상을 해준다는 것이다. 이밖에 농어업재해대책심의위원회가 인정하는 자연현상으로 인해 발생되는 모든 피해를 포함하고 있다.

보험기간은 본답 이앙기서부터 수확기까지이며 보장방식은 종합위험의 수확량 감소 보장방식이다. 따라서 보상하는 재해가 발행할 경우 수확량감소보험금·경작불능보험금·재이앙보험금 등이 피해상황에 따라 지급된다. 수확량감소보험은 보험기간중 보상하는 재해로 수확량이 자기부담비율보다 감소했을 때 보험금을 지급한다. 경작불능보험금은 이앙 21일후부터 출수기전 피해로 가입면적의 70% 이상이 고사하여 정상적인 경작이 불가능한 농지에 대해 보험금을 조기에 준다. 재이앙보험금은 조수해(鳥獸害)로 자기부담비율 이상의 면적을 재이앙한 경우 보험금을 지급한다. 보장유형은 가입금액의 80% 보장형과 70% 보장형 두가지로 자기부담비율은 20%와 30%다. 40a(4000㎡)이상 벼를 재배하는 농가면 누구나 가입할 수 있다.

벼재해보험은 지난 3년간 20개 시·군 900농가를 대상으로 한 도상연습 결과와 수차에 걸친 공청회·설명회 등을 통한 농업인의 의견을 반영하여 개발한 상품이다. 80% 보장형은 보험료의 50%, 70% 보장형은 75%가 국고에서 지원되는 벼 재해보험은 다른 품목에 비해 보험요율이 낮다. 올해 사과·배 등 과수품목의 평균요율은 5.31%인데 반해 벼는 2.57%에 그친다.

우리가 일반보험을 이용하는 것은 일상의 생활에서 언제 어느 곳에서 발생할지 모를 각종 사고로부터 위험을 받고 있어 불의의 사고에 대비하기 위해서다. 농사도 마찬가지다. 보험에 가입하면 적은 부담으로 안전영농을 할 수 있지만 가입하지 않을 경우 자연재해로 1년 농사를 망쳤을 때 전혀 하소연할 곳이 없다. 적극 가입을 권한다.

농축유통신문 2009년 4월 27일 월요일

해외 농업인턴 선발 많은 참여를

논두렁 밭두렁

시시각각

김용욱 회장

얼마 전까지만 해도 군 면제자를 '신의 아들'로, 군대에 가면 '어둠의 자식들'로 묘사했다. 그러나 지금은 아니다. 신의 아들이 변심을 해서일까. 신의 아들이 군 면제자에서 공기업 취업자로 자리를 옮겼다. 이와 더불어 사기업 취업자는 '사람의 아들', 백수는 '어둠의 자식'이다.

표현은 재미있어 보인다. 그러나 최악의 취업난이라는 암울한 현실을 풍자한 신조어들이어서 그냥 웃고 넘기기에는 너무나 씁쓸하다. 취업난 심화가 낳은 신조어들은 이밖에도 많다. 대학가에는 나이 든 사람들에게 생소한 'NG족'이 있다. NG는 No Graduation으로 취업을 할 때까지 졸업을 늦춘다는 의미인데 이 NG족이 크게 늘어난다고 한다. 정상적으로 졸업을 하면 '조기 졸업생'이고 대5생, 대6생은 일반화돼 있으며 대7생까지 생겨나고 있다는 것이다. 취업문제의 심각성을 잘 반영하고 있는 현상이다.

취업시장은 더욱 악화일로다. 우리 모두가 알고 있듯이 세계를 강타한 금융 위기는 기업의 구조조정을 불가피하게 했고 대량해고가 진행되거나 예고되고 있어 현재로서는 개선여지가 없어 보인다. 따라서 일자리 창출은 국가적 최대 이슈가 됐고 여러 논란에도 불구하고 잡 셰어링이 확산되고 있으며 인턴제 도입 등이 늘어나고 있다.

이런 가운데 한국농업대학이 인턴자리를 만들어 젊은이들에게 문을 열었다. 올해 해외농업인턴 50명을 선발하는 것이다. 해외의 영농기술과 경영기법 등의 연수를 통해 국제감각과 수출농산물 품목개발 등을 위해서다.

만18세 이상 만44세 이하로서 농업인 및 향후 농촌에 정착하려는 사람과 농과계열(고등학교·대학) 재학생 또는 졸업생이면 누구나 지원이 가능하다. 다만 해외 인턴쉽 수행에 어려움이 없을 정도의 언어능력은 갖춰야 한다. 이들 중에서 어학성적이 우수한 자, 국내 선도농가에서 6개월 이상 농업인턴과정 이수자, 농고 영농현장 체험 또는 영농 정착과정 이수자, 도시민 농업창업 교육과정(3~4개월) 이수자, 창업농업경영인으로 선정된 자로서 영농에 종사 중인자는 우대한다.

모집분야는 특용작물·식량작물·과수·화훼·채소·축산 등이며 신청접수는 오는 30일 마감한다. 희망자는 한국농업대학(www.kn.ac.kr) 홈페이지에서 신청에 필요한 서류를 다운받을 수 있으며 자세한 문의사항은 한농대 산학협력단(031-229-5045)에서 안내 받을 수 있다.

선발된 연수생은 국내 교육을 거쳐 오는 8월부터 12월까지 5개월간 미국 호주 일본 네덜란드 뉴질랜드 등에 파견돼 해외연수를 받게 된다. 연수비용 중 70%는 국고에서 지원하고 나머지는 자부담이다.

앞에서 지적한 바와 같이 취업문은 좁다. 심지어 어렵사리 취업문을 뚫은 사례를 활자매체가 박스로 대서특필해 소개하는 기사에 관심이 모아지는 시대가 됐다. 특히 갈수록 치열해지는 생존경쟁에서 버텨내려면 스스로 자질을 높이는 것이 무엇보다 중요하다. 인턴만 하더라도 실력을 쌓을 수 있는 최상이자 절호의 기회다. 설혹 인턴쉽을 통해 정규직을 목표로 하지 않더라도 다른 직장에 취업할 때 실무경험이 가산점을 높일 수 있는 부수적 소득이 될 수 있다. 뿐만 아니라 일을 배우는 것 말고도 사회적 자산이라 할 수 있는 인맥을 넓히는데 적잖은 도움이 된다는 점도 빼놓을 수 없는 이점이 되는 것이다.

이번 한농대의 해외농업인턴 모집에 많은 젊은이들이 참여해 자기계발은 물론 우리 농업을 선도해 수출농업화 하는데 기여하기를 기대한다.

농축유통신문 2009년 5월 4일 월요일

벼 흰잎마름병 사전예방을

논두렁 밭두렁

시시각각

김 용 욱 회장

글로벌 금융위기가 몰고 온 경기침체로 국가경제가 휘청거리고 서민가계가 최악의 사태를 맞고 있는 가운데 뜬금없는 돼지인플루엔자(SI) 발생과 확산으로 온 세계가 공포에 휩싸여 있고 국내 정치·경제·사회 전분야가 어지러워도 계절은 어김없이 바뀐다. 농사철을 맞은 것이다.

생명보전에 대한 보장이 없는 전쟁통에도 농사를 지어 왔듯 당장 내일 종말이 온다 해도 오늘은 논·밭을 갈고 씨를 뿌려야 한다. 그런데 올해 벼농사에 큰 걱정거리가 하나 생겼다. 벼 흰잎마름병의 대량 발생이 우려되기 때문이다.

농촌진흥청이 지난달 중순 벼 흰잎마름병 발병 상습지역을 중심으로 병원균 월동상태를 조사하고 뚜껑을 열어보았더니 상황이 매우 좋지 않다. 지난 겨울 병원세균의 밀도가 매우 높게 나타났다고 한다. 병을 일으킬 수 있는 기준을 훨씬 초과했다는 것이다. 일부지역에서는 세균검출 비율이 지난해에 비해 100배 이상 높다. 각별한 주의를 기울이지 않는 한 엄청난 피해를 우려하지 않을 수 없다.

벼 흰잎마름병은 세균성 벼알마름병과 같이 벼에 발생하는 세균성 병으로 세로로 길게 흰 줄이 생기면서 잎 끝이 말라죽는 병으로 벼에 치명적인 손상을 준다. 따라서 벼의 수량감소를 초래할 뿐 아니라 금간쌀과 싸래기를 만들어 미질을 크게 떨어뜨리게 된다.

흰잎마름병이 많이 발생하는 것은 장마로 인해 병 잎 조직이 연약해졌을 때 침수되거나 도열병 등 해충 방제 때 고압분무기 살포로 생긴 상처, 병원균 증식에 유리하게 농수로의 잡초가 무성한 것 등이 원인이 된다고 한다. 특히 겨울을 넘긴 병원균은 관개수에 의해 이동해 벼 잎에 1차 감염되고 감염된 잎에서 병원균이 증식해 2차 전염원이 되며 2차 전염된 병원균은 논물 속에서 증식하고 벼잎을 침해해 이를 계속 확산시킨다는 것이다.

지난 1971년 전국적으로 크게 발생해 최고 68%까지 수량을 감소시킨 바 있는 흰잎마름병은 2003년부터 남부지역에서 급격히 발생량이 증가하고 상습발생지역도 계속 늘고 있다. 2002년 2019ha이던 발생면적이 2003년 1만53ha, 2004년 2만1,646ha, 2005년 2만7,479ha, 2006년 2만9,485ha로 늘었다가 이를 정점으로 2007년 1만175ha, 지난해 1만9,605ha로 감소했다. 그러나 이는 2002년에 비하면 9배나 증가한 것이며 상습 발병지역도 전국적으로 고루 확산추세를 보이고 있다.

특히 흰잎마름병의 월동병원균 밀도가 높은 것은 지구온난화 영향도 큰 것으로 분석되고 있다. 이번 조사지역의 월별 평균기온이 김제 익산 장흥 순천 등의 경우 평년보다 1.3~2.9℃ 높았던 것으로 나타났다. 발병 시기도 예년의 7월 상·중순보다 앞당겨 질 것으로 예상되고 있는데 이 역시 온난화 영향일 개연성이 크다.

감염 후 10일 정도가 지나야 병징이 나타나는 흰잎마름병은 한번 발병하면 방제가 매우 어려워 발병 전에 가능한 조치를 강구하지 않으면 안 된다. 따라서 우선적으로 저항성 품종을 선택해 재배하는 것이 바람직하다. 저항성 품종은 농진청이 개발한 여러 품종 가운데 전문가의 자문을 통해 선택해도 될 것이다.

다음은 철저한 종자소독이다. 종자에서도 병원균이 월동할 수 있기 때문이다. 또 흰잎마름병을 전염시키는 기주식물인 겨풀 줄풀 그루터기 볏짚 등을 농사철 전에 제거해줘야 한다. 전문가는 병해충 방제를 위한 약제 살포 시 병원균에 오염된 논이나 수로의 물을 사용해도 감염될 수 있기 때문에 지하수나 깨끗한 물을 사용토록 권하고 있다.

천재지변은 불가항력이다. 그러나 병충해는 노력여하에 따라 예방할 수도 있고 피해를 최소화할 수 있다. 발병원인을 제거하는데 총력을 기울여 풍년농사를 이루도록 해야 할 것이다.

농축유통신문 2009년 5월 11일 월요일

신종 플루로 양돈농가 피해 없어야

논두렁 밭두렁

시시각각

김용욱 회장

신종 인플루엔자A(H1N1 신종 플루)의 국내 최초 확진환자로 판명돼 격리 치료를 받았던 환자가 건강한 상태로 퇴원했다는 소식이다. 반가운 일이며 계속 확산되고 있는 유럽등지와 달리 국내에서는 더 이상 발생되지 않아 다행스러운 일이라 하지 않을 수 없다.

그러나 전 세계적으로 완전소진되기 전 방심은 금물이다. 다른 나라에서 아직 감염이 진행되고 있고 인적교류를 피할 수 없기 때문이다. 신종 플루는 돼지에서 발생하는 호흡기 질환으로 대개는 사람에게 질병을 유발하지 않지만 감염된 돼지와 직접적으로 접촉한 사람에게 질환을 유발하기도 하는 것으로 알려져 있다. 미국 질병통제예방센터(CDC)는 신종 플루가 사람 간 전염이 가능한 것으로 보고되고 있으나 현재까지는 사람 간 감염이 얼마나 쉽게 이루어 지는지는 알려져 있지 않은 것으로 밝히고 있다.

신종 플루의 증상은 계절 인플루엔자 증상과 크게 다르지 않으며 발열·기침·인후통·전신통·두통·오한 등을 유발하며 피로도 느낀다. 사람에 따라서는 설사와 구토증상이 나타나기도 한다. 신종 플루의 전염기는 증상발현 후 7일까지이며 어린이의 경우는 더 길어질 수도 있다고 한다.

당국은 이같은 신종 플루의 감염을 막기 위해 손을 자주 씻고 손으로 눈·코·입을 만지는 것을 피해야 하며 재채기를 할 경우에는 화장지로 입과 코를 가리도록 권하고 있다. 특히 귀국 7일 이내에 미국 캘리포니아주·텍사스주·뉴욕시·오하이오주·캔사스주를 방문한 후 급성호흡기 증상인 콧물·코막힘·인후통·기침·발열중 2가지이상의 증상이 발생할 경우 검역소나 가까운 보건소에 신고토록 하고 있다. 또 7일 이내 멕시코 전 지역을 방문한 후 같은 증상이 있을 경우도 마찬가지다. 그러나 이 지역에만 국한할 것만은 아닌 듯싶다. 감염환자가 여러 국가로 확산된 만큼 해외여행 후 이러한 증상이 있을 경우 스스로를 위해서나 2차 감염 차단차원에서 반드시 신고를 해 확진여부를 확인할 필요가 있다.

아무튼 신종 플루의 인체감염이 더 이상 발생돼서는 안 되겠지만 이번 파장으로 양돈농가가 직격탄을 맞아 우려되는 바 크다. 당초 신종 플루를 세계 보건기구가 SI(Swine Influenza·돼지 인플루엔자)라는 명칭을 사용함에 따라 돼지고기에 대한 소비자의 불안심리를 자극해 소비를 기피하고 있는데 따른 것이다. 이로써 지난달말께서부터 돼지고기 가격이 떨어지기 시작해 최근 와서 30% 가까이 하락한 것으로 파악되고 있다. 특히 소비가 둔화되면서 돼지고기 주문량이 식당의 경우 20%가량 감소하고 있으며 학교를 비롯한 단체급식은 납품단가를 인하해도 무려 50%나 줄어들었다. 특히 행락철인 5~6월은 돼지고기 성수기로써 소비량도 많고 가격도 높은 편인데 이같은 현상이 장기화될 경우 양돈농가의 경영에 치명적인 타격을 줄 가능성이 높아 우려되는 것이다.

신종 플루가 돼지인플루엔자라 하더라도 바이러스는 식품으로 전파되지 않는다고 한다. 따라서 돼지고기나 돼지육가공제품을 섭취하는 것으로는 신종 플루에 감염되지 않는다는 것이다. 인플루엔자 바이러스는 70℃ 이상 가열하면 모두 사멸되기 때문이다. 더욱이 국립수의과학검역원 조사결과 우리나라 돼지에는 신종 플루 병원체가 없는 것으로 밝혀졌다. 안심하고 섭취해도 된다는 얘기다.

그러나 농가는 유비무환 차원에서 가축을 사육하는 농장에 대한 정기적인 소독은 물론 환축유무를 확인하고 출입차량과 운전자등의 소독도 철저히 해야 한다. 아울러 돼지고기를 익혀 먹을 경우 신종 플루에 대한 우려를 할 필요가 없다는 점을 적극 홍보해야 할 것이다. 인명피해 발생차단은 말할 것도 없거니와 양돈농가의 피해도 없어야 하기 때문이다.

농축유통신문 2009년 5월 18일 월요일

'귀농인' 農村文化 이해부터

논두렁 밭두렁

시시각각

김 용 욱 회장

'때려 치우고 농사나 지어야지'

직장 사회에서 불만에 찬 봉급생활자들로부터 귀가 따갑게 들을 수 있는 얘기다. 조직생활을 하다보면 일만 잘한다고 편안히 보낼 수는 없다. 시어머니처럼 얼굴만 마주치면 잔소리를 해대는 상사를 만나 늘 공포 분위기 속에서 생활해야 하는 경우도 있다. 특히 경쟁에서 생존할 수 있는 지략도 있어야 한다. 입사 동기 중 한발 앞서려면 업무처리능력은 말할 것도 없거니와 두루 안정된 인과관계를 형성해야 하고 자기계발은 물론 경우에 따라서는 선의의 아부도 빠뜨리면 안된다. 이같은 나름의 노력을 기울이지 않으면 조직내에서의 자기 존재가치가 왜소해지고 주류에서 밀려날 수 있는 것이다.

그렇게 되면 쌓이는 것은 스트레스와 불만뿐이다. 불만요인은 많다. 맡은 업무가 적성에 맞지 않을 때, 책임소재가 분명히 다른 데 있는데도 추궁을 당할 때, 업무량이 과다할 때, 일한만큼 보수가 쥐지지 않을 때, 상사로부터 이유없이 무시당할 때 등 헤아릴 수 없을 정도다. 더욱이 승진에서 낙오됐다면 사태는 매우 심각하다. 사기가 떨어져 의욕을 상실하는 것은 불문가지다. 주위의 눈총도 따갑다. 그 뿐이면 다행이다. 의욕을 잃었으니 출근하는 발길은 천근만근이다. 그렇게 출근하여 하루를 시달리다 지친 몸을 이끌고 귀가하면 기다리는 것은 안식공간이나 위로가 아니라 아내의 바가지다. 누구는 어쩌고 저쩌고 면박을 준다. 정말 살맛이 안 난다.

이런 때 튀어 나오는 말이 '농사나 지어야지'다. 물론 홧김에 터뜨린 얘기다. 정말로 그랬고 농업인들이 들었다면 대로(大怒)할 일이다. 농업을 천시하고 농사일을 너무 쉽게 봤다고 할 것이다. 농사는 자연의 섭리를 이해하고 이에 순응하는, 생물과 함께 하는 종합과학이다. 따라서 섣불리 농사일에 자신하는 것은 옳지 않다.

그래도 불만대상이 있는 봉급생활자는 복 받은 자다. 10년전 IMF때 이상의 대량해고가 우려되는 시점이다. 글로벌 금융위기 이후 이미 기업조직의 슬림화작업이 이행되면서 많은 사람들이 직장을 잃었고 대규모 구조조정이 진행되면서 길거리에 나앉게 될 해고자의 수가 얼마가 될지 예측키 어렵다. 정부가 나서서 일자리 창출을 위해 다각적인 사업을 벌이고 있고 그 일환으로 인턴제 도입, 잡셰어링 등을 행하고 있지만 근본 문제 해결과는 거리가 멀다.

차제에 홧김이 아니고 진정으로 농업에 도전해 보는 것도 고려할 필요가 있다. 정부가 귀농·귀촌을 희망하는 도시민 3000명에게 농업창업자금·농가 주택 구입자금을 지원하여 안정적인 농촌정착을 유도하고 있어 요건만 갖추면 뜻을 이룰 수 있기 때문이다. 도시지역에서 다른 산업분야에 종사했거나 종사하고 있는 자로서 농업(축산포함)을 전업으로 하거나 농업에 직접 종사하면서 농업과 동시에 이와 관련된 농수산식품 가공·제조·유통업을 겸업하기 위해 농촌지역으로 이주하는 사람이면 지원을 받을 수 있다.

농업창업자금은 세대당 2,000만원에서 2억원까지 대출해주되 낙농분야는 자부담으로 쿼터와 납입처를 확보한 경우에 한해 5,000만원까지 지원해 준다. 농가주택구입자금은 대출한도가 세대당 2,000만원이다. 그러나 대출취급기관의 농지·건축물 평가등 대출자의 신용상태에 따라 대출한도내에서 조정될 수 있다. 조건은 연리 3%에 5년거치 10년 상환이다.

귀농·귀촌 희망자는 귀농 농업창업지원 사업 신청서, 가족관계등록부등 소정의 구비서류를 갖춰 귀농정착지역 또는 예정지역 관할 읍·면사무소나 농업기술센터에 접수하면 된다.

지원대상자로 선정된 경우 조기정착이 과제다. 조기정착을 하려면 우선 도시와 다른 농촌문화를 이해하고 여기에 빨리 순화돼야 한다. 그래야만 행여 있을지 모를 주민과의 갈등을 해소할 수 있고 정착의지를 더욱 높일 수 있기 때문이다.

김용욱 자서전

푸른 바람과 동행

인쇄 2012년 8월 24일
발행 2012년 9월 5일
지은이 / 김 용 욱
펴낸이 / 김 창 석
펴낸 곳 / 홍익출판사
주소 / 대구시 중구 삼덕3가 245-2
전화 / 053) 421-6700, 427-3627
팩스 / 053) 423-5965
등록번호 / 1987년 11월 26일 제1-107호
E-mail / hongick88@hanmail.net

정가 / 15,000원

ISBN 978-89-7826-241-5 03810

• 잘못 만들어진 책은 교환해 드립니다.